Aspekte | neu

Mittelstufe Deutsch

Intensivtrainer 2

von
Marion Lütke,
Ulrike Moritz und Margret Rodi

Ernst Klett Sprachen
Stuttgart

Von: Marion Lütke, Ulrike Moritz und Margret Rodi

Redaktion: Carola Jeschke
Zeichnungen: Daniela Kohl
Umschlaggestaltung: Studio Schübel, München (Foto Rose: studioschübel.de; Foto Kirchenfenster: Beverley Grace – Fotolia.com)

Verlag und Autoren danken allen Kolleginnen und Kollegen, die *Aspekte | neu* erprobt und mit wertvollen Anregungen zur Entwicklung des Lehrwerks beigetragen haben.

Aspekte | neu 2 – Materialien	
Lehrbuch mit DVD	605024
Lehrbuch	605025
Audio-CDs zum Lehrbuch	605029
Arbeitsbuch mit Audio-CD	605026
Lehr- und Arbeitsbuch 2 mit Audio-CD, Teil 1	605027
Lehr- und Arbeitsbuch 2 mit Audio-CD, Teil 2	605028
Lehrerhandbuch mit digitaler Medien-DVD-ROM	605030
Intensivtrainer	605031

www.aspekte.biz
www.klett-sprachen.de/aspekte-neu

Symbole im Intensivtrainer

Diese Aufgaben sind zum Wiederholen und Auffrischen geeignet.

Modul 1 Diese Übungen im Intensivtrainer sind den entsprechenden Modulen im Lehrbuch zugeordnet.

1. Auflage 1 5 4 | 2019 18 17

Satz und Repro: Satzkasten, Stuttgart
Gesamtherstellung: Print Consult GmbH, München

ISBN 978-3-12-605031-9

MIX
Papier aus verantwortungsvollen Quellen
FSC® C084279

Inhalt

Kapitel 1	Heimat ist …	4
Kapitel 2	Sprich mit mir!	12
Kapitel 3	Arbeit ist das halbe Leben?	20
Kapitel 4	Zusammen leben	28
Kapitel 5	Wer Wissen schafft, macht Wissenschaft	36
Kapitel 6	Fit für …	44
Kapitel 7	Kulturwelten	52
Kapitel 8	Das macht(e) Geschichte	60
Kapitel 9	Mit viel Gefühl …	68
Kapitel 10	Ein Blick in die Zukunft	76
Lösungen		84
Bildnachweis		95

Heimat ist …

Auftakt **1a Heimat mit allen Sinnen. Ergänzen Sie die Mindmap mit den Wörtern aus dem Kasten. Manche Wörter passen zu verschiedenen Kategorien.**

die Aussicht · der Blick · der Duft · farbenfroh · fremd · geborgen · das Gefühl · ~~der Geruch~~ · der Geschmack · herb · intensiv · aromatisch · der Lärm · das Geräusch · leise · salzig · sicher · süßlich · vertraut · weit · laut

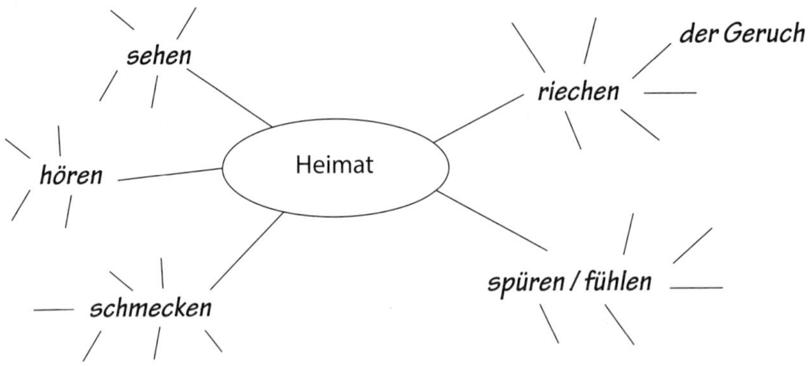

b Finden Sie das Gegenteil in 1a.

1. fremd ____________________
2. fad ____________________
3. nah ____________________
4. lieblich ____________________
5. der Gestank ____________________
6. die Stille ____________________

2a Woran denken Sie, wenn Sie das Wort Heimat hören?

Wenn ich das Wort Heimat höre, ____________________

b Eine neue Heimat. Nennen Sie fünf mögliche Gründe, die Menschen dazu bewegen, ihre Heimat zu verlassen.

1. ____________________.
2. ____________________.
3. ____________________.
4. ____________________.
5. ____________________.

Modul 1 **3 Auswandern. Woran muss man denken? Was passt zusammen? Kombinieren Sie.**

1. ____ Handyvertrag	a auflösen
2. ____ neue Kontakte	b beantragen
3. ____ Konto	c eröffnen
4. ____ Mietvertrag	d finden
5. ____ Nachmieter	e knüpfen
6. ____ neue Stelle	f kündigen
7. ____ Visum	g suchen
8. ____ Wohnung	h unterschreiben

Modul 2 **4 Sprache und Heimat. Was ist das? Ergänzen Sie die Wörter aus dem Schüttelkasten.**

anerkannt · Fremdsprache · Identität · Landessprache · multikulturell · Muttersprache · Vertrautheit · vielsprachig

1. Wenn ich etwas gut kenne, dann habe ich das Gefühl der ______________.
2. Die offizielle Sprache eines Staates ist die ______________.
3. Wenn viele Kulturen miteinander leben, nennt man das eine ______________ Gesellschaft.
4. Die Sprache, mit der ich aufgewachsen bin, ist meine ______________.
5. Eine Sprache, die ich erst später lerne, ist eine ______________.
6. Wenn etwas akzeptiert wird, dann wird es ______________.
7. Mein „Ich“, mein „Selbst“ ist meine ______________.
8. Ein Land, in dem verschiedene Sprachen gesprochen werden, ist ______________.

Modul 4 **5 Bilden Sie acht zusammengesetzte Nomen. Schreiben Sie mit Artikel.**

Arbeitslosen- · Chancen- · Heraus- · Hochschul- · Kampf- · Migrations- · Schwer- · Staats- · Zuwanderungs-

-bürger · -forderung · -geist · -gleichheit · -hintergrund · -land · -punkt · -reife · -quote

1. ______________ 4. ______________ 7. ______________
2. ______________ 5. ______________ 8. ______________
3. ______________ 6. ______________ 9. ______________

6 Was hat eine ähnliche Bedeutung? Ordnen Sie zu.

1. ____ der Bürger	3. ____ die Auswanderung	a der Einwohner	c die Migration
2. ____ die Herkunft	4. ____ der Zuwanderer	b der Immigrant	d die Wurzeln

Redemittel

Modul 2 **7a Vergleichen. Meinung äußern. Vor- und Nachteile nennen. Finden Sie zehn Adjektive in der Wortspirale.**

hilfreichähnlichgeteiltproblematischerstaunlichandersentscheidendnützlichüberraschendpositiv

1. ______________ 6. ______________
2. ______________ 7. ______________
3. ______________ 8. ______________
4. ______________ 9. ______________
5. ______________ 10. ______________

b Ergänzen Sie die Redemittel mit den Adjektiven aus 7a.

1. Ein *e*______________ Vorteil ist, dass …
2. Einerseits ist es *p*______________, andererseits kann es *p*______________ sein, dass …
3. In meinem Land ist die Situation *ä*______________ / ganz *a*______________.
4. Ich bin da *g*______________ Meinung.
5. Ich finde *e*______________ / *ü*______________, dass …
6. Aus meiner Sicht ist es *n*______________ / *h*______________, dass …

c Was drücken Sie mit den Sätzen aus 7b aus? Ordnen Sie zu.

etwas vergleichen	Meinung äußern	Vor- und Nachteile nennen
		1

Modul 4 **8 Auf Meinungen reagieren. Welches Wort passt. Kreuzen Sie an.**

1. Da muss ich Ihnen leider [a] zusagen [b] ablehnen [c] widersprechen.
2. Da haben Sie völlig [a] klar [b] recht [c] richtig.
3. Da kann ich Ihnen nur [a] bezweifeln [b] bestätigen [c] zustimmen.
4. Da bin ich ganz [a] dieses Erachtens [b] auf dem Standpunkt [c] anderer Ansicht.
5. Das sehe ich [a] völlig [b] genauso [c] recht.
6. Das kann ich nur [a] bestätigen [b] herbeiziehen [c] anschließen.

9a Vorschläge für ein Fest machen. Ordnen Sie die Sätze.

1. wie – wär's,– eine Spezialität – jeder – aus seinem Land – wenn – mitbringt
   Wie wär's, wenn jeder eine Spezialität aus seinem Land mitbringt ?
2. mir – könnte – ich – vorstellen, – bei schönem Wetter – wir – dass – grillen – im Hof
   ____.
3. hältst – was – du – von folgendem Vorschlag: – ein deutsches Lied – Wir – singen
   ____?
4. ich – da – hätte – noch eine Idee: – Musik aus dem eigenen Land – stellen vor – Alle
   ____.

b Reagieren Sie auf die Vorschläge in 9a, indem Sie sie annehmen / einen Gegenvorschlag machen.

Modul 1 **10a Macarenas neues Leben und wie es dazu kam. Was passt? Kreuzen Sie an.**

Damals in Chile habe ich eigentlich (1) einem Jurastudium geträumt. Gleich danach wollte ich mich dann (2) einer internationalen Firma (3) eine Stelle als juristische Beraterin bewerben. Schon in der Schule habe ich mich gewissenhaft (4) das Studium vorbereitet. Aber manchmal hat das Leben anscheinend etwas anderes (5) uns vor. Nie hätte ich auch nur ansatzweise (6) gerechnet, was dann passierte. Für ein paar Tage wollte ich mich (7) Schulstress erholen und am Strand in Viña del Mar habe ich mich Hals über Kopf (8) Frank verliebt. Anfangs habe ich ihn (9) einen US-Amerikaner gehalten. Aber auf Englisch erzählte er mir dann (10) seiner Heimat: Bayern. (11) diesem Land hatte ich bisher noch nie etwas gehört. Mitten am Strand bat er mich spontan (12), ihn dort zu besuchen. Wahrscheinlich aus Furcht haben mich Freunde und Familie eindringlich (13) der Reise gewarnt, aber glücklicherweise habe ich nicht (14) gehört. Aus Liebe lebe ich nun schon zwölf Jahre hier, (15) sich manche immer noch wundern.

1. [a] damit [b] davon [c] von
2. [a] bei [b] mit [c] um
3. [a] bei [b] um [c] zu
4. [a] auf [b] darauf [c] in
5. [a] bei [b] für [c] mit
6. [a] damit [b] mit [c] mit dem
7. [a] davon [b] vom [c] von
8. [a] bei [b] für [c] in
9. [a] für [b] von [c] zu
10. [a] über [b] um [c] von
11. [a] Aus [b] Über [c] Von
12. [a] darauf [b] darum [c] um
13. [a] davon [b] von [c] vor
14. [a] auf [b] auf sie [c] davon
15. [a] darüber [b] davor [c] worüber

b Unterstreichen Sie im Text in 10a die temporalen, die lokalen und die modalen Ergänzungen und kreisen Sie die kausalen Ergänzungen ein.

c Formulieren Sie die Sätze in 10a so um, dass sie mit dem Subjekt beginnen.

d Notieren Sie die Präpositionen oder Präpositionalergänzungen und ersetzen Sie, wenn möglich, die Nomen durch Pronomen.

Nach drei Monaten musste ich mich (1) ________ eine Aufenthaltsgenehmigung kümmern. Es war nicht leicht, (2) ________ zu bekommen. Viele Deutsche sprechen Englisch, deshalb konnte ich mich einigermaßen (3) ________ (4) ________ verständigen. Aber ich fürchtete mich (5) ________ der Bürokratie. Noch heute schrecke ich (6) ________ zurück. Und ich litt (7) ________ Heimweh. Ich hätte nie gedacht, dass ich so (8) ________ zu kämpfen hätte. Schließlich schlug Frank mir vor, (9) ________ zu heiraten. Aber seine Familie war nicht (10) ________ einverstanden. Von Anfang an hatte (11) ________ etwas (12) ________ mich. Obwohl es sich hier (13) ________ eine tolerante Gesellschaft handelt, ist (14) ________ nicht frei (15) ________ Vorurteilen. Unsere Hochzeit entwickelte sich also (16) ________ einer halben Katastrophe. Aber heute kann ich (17) ________ lachen und denke gerne (18) ________ zurück.

e Unsere Hochzeit. Bestimmen Sie zuerst die Angaben und schreiben Sie sie in die Tabelle unter den Sätzen. Erweitern Sie dann die Sätze.

1. Wir haben geheiratet. (auf einer Insel / im Familienkreis / im Bodensee / vor elf Jahren)

____

2. Ich musste eine Tracht anziehen. (wegen der Familientradition / im Haus meiner Schwiegereltern / ganz früh am Morgen)

____

3. Vom Hochzeitsessen bekam ich eine Allergie. (am Nachmittag / aus Ärger / ganz plötzlich)

____

4. Ich wäre zurückgeflogen. (auf der Stelle / nach Chile / mit dem nächsten Flugzeug / am liebsten)

____

5. Mein Schwager hat uns gefilmt. (mit einer altmodischen Kamera / überall / den ganzen Tag lang)

____

6. Ich habe mich eingelebt. (nur langsam / in meiner neuen Heimat / am Anfang)

____

	temporal	kausal	modal	lokal
1.	*vor elf Jahren*			
2.				
3.				
4.				
5.				
6.				

f Variieren Sie die Sätze, indem Sie mit folgenden Angaben beginnen: 1. temporal, 2. kausal, 3. modal, 4. temporal, 5. lokal, 6. modal.

Module 1+3

11 *Überall* und *nirgends*. Markieren Sie mit Pfeil und Nummer, an welcher Stelle welches Wort aus dem Kasten eingefügt werden kann.

1. alle	2. etwas	~~3. immer~~	4. immer noch	5. immer schon	6. nicht mehr
7. nichts	8. nie	9. niemand	10. noch nie	11. schon einmal	12. überall

↓3.

Als junges Mädchen hatte ich Fernweh. Ich dachte, man könnte auf der Welt zu Hause sein. Und wollte ich einmal eine Auslandsreise machen. Bei meiner ersten Reise nach Deutschland waren sehr besorgt. Aber konnte mich davon abhalten. Trotzdem hätte ich gedacht, dass man sich so alleine fühlen kann. Ich war so einsam gewesen, wie hier in den bayrischen Bergen. Hast du so etwas erlebt? Ich denke an Chile, aber ich vermisse meine alte Heimat. Und in den elf Jahren habe ich gelernt: Es gibt, wovor man kapitulieren sollte.

Modul 3

12 Suchen Sie in der Wortschlange elf Präfixe oder Suffixe, die Wörter verneinen.

abeiderdesdiediserfreigehellinkaltleerleiderlosmeinmissmagmehrnichtnienonoderseinunver

13a Nein! Was ist hier richtig: *nicht* oder *kein*? Beantworten Sie die Fragen mit nein.

1. Haben Sie im Ausland interessante Erfahrungen gemacht?

____

2. Brauchten Sie für die Einreise ein Visum? ____________________
3. Würden Sie gern auswandern? ____________________
4. Haben sich Ihre Erwartungen an das Land erfüllt? ____________________

____

b Es war nicht leicht! Verneinen Sie die Sätze. Wo steht *nicht*? Kreuzen Sie an.

(1) [a] Anfangs fühlte ich [b] mich [c] akzeptiert. (2) [a] Ich verstand [b] die Sprache [c]. (3) Die Leute [a] haben [b] mir [c] geholfen. (4) Ist das [a] ein [b] Zeichen [c] dafür, (5) dass [a] die Integrationspolitik [b] funktioniert [c]? (6) Nun ja, [a] eigentlich interessiere [b] ich mich [c] für Politik. (7) Trotzdem habe ich mir gesagt: [a] nur [b] aufgeben [c]. (8) Und das habe ich [a] auch [b] gemacht [c]. (9) Heute könnte ich [a] mir [b] mehr [c] vorstellen, (10) [a] hier zu [a] leben [c].

START

c Verneinen Sie die unterstrichenen Wörter.

1. Alle dachten, dass ich sofort eine Arbeit finden würde. → ____________________
2. Auf der Arbeitssuche habe ich viel erlebt. → ____________________
3. Im Jobcenter stieß mein Lebenslauf sofort auf Interesse. → ____________________
4. Alle meinten, meine Angaben seien verständlich und meine Vorstellungen total real.
→ ____________________
5. So etwas hatte ich schon irgendwo erlebt. → ____________________
6. Ich war ziemlich geduldig und habe dann gerade wegen meiner verbalen Fähigkeiten eine Arbeit gefunden. → ____________________

14 Stimmt das? Macht man das so in Deutschland? Stellen Sie das richtig! Manchmal gibt es mehrere Möglichkeiten.

1. Wenn man jemandem vorgestellt wird, ist es üblich, sich zur Begrüßung zu küssen.
2. Fremde Menschen sprechen sich normalerweise mit „Du" an.
3. Bei Verabredungen sollte man immer zu spät kommen.
4. Wenn Ihr Gastgeber mit Ihnen spricht, können Sie gerne wegschauen. Es gehört zum guten Ton, Desinteresse zu zeigen.
5. Es ist typisch, bei der Unterhaltung laut zu sprechen. Das gilt als besonders höflich.
6. Es gilt als völlig angebracht, den Gastgeber nach seinem Einkommen zu fragen.
7. In Deutschland gilt es als Brauch, mit den Fingern Spaghetti zu essen.
8. In manchen Haushalten wird es als besonders unhöflich angesehen, wenn sich die Gäste bei Betreten des Hauses die Schuhe ausziehen.

1. Wenn man jemandem vorgestellt wird, ist es unüblich / nicht üblich, sich zur Begrüßung zu küssen.

Wortschatz-Hitparade

Nomen

die Ansicht, -en ____________
die Arbeitslosenquote, -n ____________
das Benehmen *Sg.* ____________
der Brauch, ″-e ____________
die Chancengleichheit *Sg.* ____________
das Einkommen, – ____________
die Erfahrung, -en ____________
die Erwartung, -en ____________
der Familienkreis, -e ____________
der Gastgeber, – ____________
das Geräusch, -e ____________
das Heimweh *Sg.* ____________
die Herausforderung, -en ____________
die Hochschulreife *Sg.* ____________
die Idealvorstellung, -en ____________
die Integrationspolitik *Sg.* ____________
die Landessprache, -n ____________
die Muttersprache, -n ____________
der Nachmieter, – ____________
der Schwerpunkt, -e ____________
der Standpunkt, -e ____________
die Wurzel, -n ____________
das Visum, Visa ____________
der Zuwanderer, – ____________

Verben

abhalten (von) ____________
ablehnen ____________
annehmen ____________
auflösen ____________
auswandern ____________
beantragen ____________
beibringen ____________
bereuen ____________
bestätigen ____________
bezweifeln ____________
(sich) einleben ____________
(sich) entwickeln (zu) ____________
kapitulieren ____________
vermissen ____________
widersprechen ____________
zurückschrecken (vor) ____________

Adjektive

blumig ____________
erstaunlich ____________
geborgen ____________
gewissenhaft ____________
hilfreich ____________
nützlich ____________
qualifiziert ____________
real ____________
relevant ____________
tolerant ____________
üblich ____________
verbal ____________
verständlich ____________
vielsprachig ____________

Andere Wörter

auf jeden Fall ____________
immer schon ____________
irgendwo ____________
niemand ____________
nirgends ____________
noch nie ____________

15 **Mindmap zum Thema „Integration“: Welche Wörter aus der Hitparade passen dazu? Ergänzen Sie weitere Wörter. Arbeiten Sie auch mit dem Wörterbuch.**

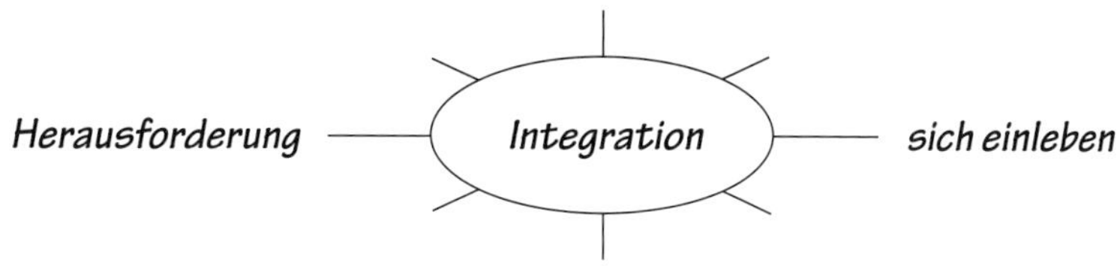

16 **Finden Sie zu den Nomen das zugehörige Verb oder Adjektiv. Vergleichen Sie mit der Hitparade.**

1. die Reue ______
2. der Zweifel ______
3. der Antrag ______
4. die Toleranz ______
5. die Ablehnung ______
6. die Relevanz ______
7. die Geborgenheit ______
8. der Widerspruch ______
9. die Kapitulation ______
10. die Vielsprachigkeit ______

17 **Andere Wörter. Bilden Sie das Gegenteil der „anderen Wörter“ aus der Hitparade.**

1. ______
2. ______
3. ______
4. ______
5. ______
6. ______

18 **Wichtige Ausdrücke und Sätze. Schreiben Sie in Ihrer Sprache.**

Das gehört zum guten Ton. ______
Bei uns ist es nicht üblich … ______
Ich bin der Ansicht, dass … ______
Ich stehe auf dem Standpunkt, dass… ______
Meines Erachtens … ______
Was hältst du von folgendem Vorschlag? ______
Ich hätte da eine Idee: … ______

19 **Wörter und Sätze, die Sie wichtig finden:**

Deutsch:	Ihre Sprache:
______	______
______	______
______	______
______	______

20 **Mein Text. Eine Bekannte / Ein Bekannter von Ihnen möchte in Ihr Land einwandern. Schreiben Sie ihr/ihm, was Sie davon halten, wägen Sie Vor- und Nachteile ab und machen Sie Vorschläge, wie Sie Ihrer Bekannten / Ihrem Bekannten helfen könnten (ca. 120 Wörter).**

Sprich mit mir!

Auftakt **1a Flüstern oder schreien? Finden Sie zwölf Verben zum Wortfeld *sprechen*.**

B	E	S	C	H	R	E	I	B	E	N	E	S	E	S
K	R	E	I	S	C	H	E	N	M	N	R	C	R	C
L	I	L	S	T	A	M	M	E	L	N	K	H	Z	H
M	M	N	A	V	B	Ä	A	R	E	M	L	I	Ä	R
N	L	S	T	O	T	T	E	R	N	V	Ä	M	H	E
P	R	E	R	L	Ä	U	T	E	R	N	R	P	L	I
Q	V	S	C	H	E	L	T	E	N	F	E	F	E	E
P	R	O	T	E	S	T	I	E	R	E	N	E	N	N
W	I	D	E	R	S	P	R	E	C	H	E	N	H	P

b Welche Verben aus 1a bilden Paare?

1. *beschreiben* – *erzählen*
2. ________ – ________
3. ________ – ________
4. ________ – ________
5. ________ – ________
6. ________ – ________

2 *Gesprächsbereit* und *gesprächig*. Ergänzen Sie die Mindmap.

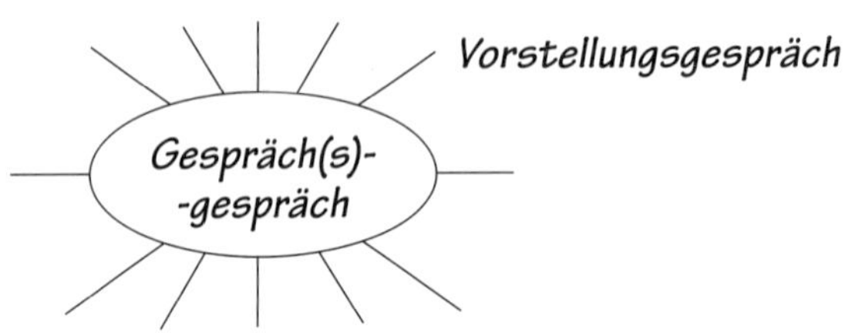

3a *Besprechen* oder *versprechen*? Welche Präfixe passen zu dem Verb *sprechen*? Kreisen Sie ein.

ab (an) auf aus be bei ent fest fort ge
gegen heraus nach über ver vor weiter wider zer

b Präfix + *sprechen*. Welches Verb passt? Kreuzen Sie an.

Macarena findet Frank toll. Er (1) [X] entspricht [b] verspricht genau ihrer Idealvorstellung von einem Mann. Und er ist wirklich attraktiv, das kann ihm niemand (2) [a] absprechen [b] versprechen. Deshalb überlegt sie, wie sie ihn (3) [a] nachsprechen [b] ansprechen könnte. Aber vor Aufregung kann sie kein klares Wort (4) [a] besprechen [b] aussprechen. Trotzdem würde sie ihm am liebsten sofort den Himmel auf Erden (5) [a] versprechen [b] vorsprechen. Aber vielleicht sollte sie vorher besser mit ihrer Schwester eine mögliche Taktik (6) [a] widersprechen [b] besprechen.

Modul 1 **4a Körpersprache. Was gehört dazu. Ordnen Sie die Buchstaben.**

1. NSTEEG ______
2. MIKMI ______
3. RUCEHG ______
4. CRNDHEDÄUK ______
5. OKBCKKLTITAN ______
6. HETSSCSRIDUUACGK ______

b Nonverbale Kommunikation. Welches Verb passt? Ergänzen Sie.

blinzeln	verschränken	ausstrecken	~~schütteln~~	runzeln	zeigen

1. den Kopf *schütteln*
2. die Stirn ______
3. mit den Augen ______
4. zur Begrüßung die Hand ______
5. mit dem Finger auf jemanden ______
6. die Arme vor der Brust ______

Modul 2 **5 Sprache. Bilden Sie Komposita mit *Sprach-/sprach-*.**

1. Das Erlernen einer Sprache nennt man auch ______.
2. Wenn mir die Worte fehlen, dann bin ich ______.
3. Das spezifische Vokabular eines Berufszweigs nennt man ______.
4. Die Art und Weise, wie ich Wörter akustisch formuliere, ist meine ______.

Modul 4 **6a Streit. Welche Wörter finden Sie in der Wortschlange? Markieren Sie.**

KONFLIKTE|KRITIKRESPEKTAGGRESSIVKRITISIERENKONSTRUKTIVSICHEINIGEN

ARGUMENTELÖSUNGZUHÖRENSTREITENSTREITKULTURSTANDPUNKT

b Richtig streiten. Ergänzen Sie Wörter aus 6a.

(1) ______ kann man lernen. Wenn man (2) ______ als positiv und (3) ______ ansieht, dann spricht man von einer (4) ______. Wichtig ist dabei, dass man dem Gesprächspartner mit (5) ______ begegnet. Auf keinen Fall sollte man (6) ______ werden. Wichtig ist es aber auch, den eigenen (7) ______ gut vertreten zu können. Deshalb sollte man sich gute (8) ______ überlegen.

c Was passt zusammen? Ordnen Sie zu.

1. *d* ins Gespräch
2. ___ Kritik
3. ___ einen Konflikt
4. ___ bei der Sache
5. ___ Unterstützung
6. ___ Emotionen
7 ___ Respekt
8. ___ über ein Problem

a reden
b bleiben
c finden
d kommen
e üben
f zeigen
g lösen
h wecken

Modul 2 **7a Auf einen Blogbeitrag antworten. Übernehmen Sie die Tabelle in Ihr Heft und ordnen Sie die Redemittel ein.**

~~Ich habe die Erfahrung gemacht …~~ Im Prinzip ist das richtig, trotzdem … Ja, das stimmt. An erster Stelle steht für mich … Aus eigener Erfahrung kann ich sagen … Ich habe erlebt … Viel wichtiger finde ich … Da haben Sie recht! Das Gegenteil ist der Fall: … Nachteilig wirkt sich aus … Meines Erachtens ist es so, dass … Dagegen spricht, dass … Bei uns war das so … Der Meinung bin ich auch … Ich stehe auf dem Standpunkt … Ich möchte ein Argument hervorheben … Das kann ich nur befürworten.

Argumente nennen	Zustimmung ausdrücken	Gegenargumente nennen	über Erfahrungen berichten
			Ich habe die Erfahrung gemacht …

b Was denken Sie? Reagieren Sie auf die folgenden Aussagen.

1. Heute braucht man nur noch eine Fremdsprache zu lernen. Englisch! Das versteht man überall.
2. Je früher man eine Fremdsprache lernt, desto besser beherrscht man sie auch.
3. In der Schule lernt man eine Sprache sowieso nicht richtig.
4. Im Fremdsprachenunterricht sollte nur in der Fremdsprache gesprochen werden.
5. Nur muttersprachliche Lehrkräfte können eine Sprache richtig vermitteln.

Modul 3 **8 Smalltalk. Was wollen Sie ausdrücken? Schreiben Sie Ausdrücke mit *es*.**

1. Verwunderung: ____________
2. Freude: ____________
3. Bedauern: ____________
4. Ärger: ____________
5. Begeisterung: ____________
6. Langeweile: ____________
7. Gefallen: ____________
8. Gleichgültigkeit: ____________

Modul 4 **9 Gefühle und Wünsche ausdrücken. Macarena und Frank diskutieren über ihren Urlaub. Was passt? Kreuzen Sie an. Bringen Sie dann den Dialog in die richtige Reihenfolge.**

1. _1_ *Macarena:* Ich würde mir [a] denken [b] fühlen [X] wünschen, dieses Jahr nach Chile zu fahren.
2. ____ *Macarena:* Ich verstehe ja, dass du dich im Urlaub erholen möchtest. Aber es macht mich [a] schön [b] nervig [c] sauer, wenn du nicht auf meine Wünsche eingehst.
3. ____ *Frank:* Chile? Für mich ist es nicht [a] traurig [b] leicht [c] viel, den ganzen Urlaub mit deiner Familie zu verbringen. Das ist mir zu hektisch.
4. ____ *Frank:* Ich will dich nicht verletzen, aber für mich ist es [a] zu viel [b] wichtig [c] langweilig, mich im Urlaub mal so richtig vom Alltagsstress zu erholen.
5. ____ *Macarena:* Ich [a] finde [b] denke [c] fühle mich schlecht, wenn du so über meine Familie sprichst.
6. ____ *Macarena:* Ich nehme ständig Rücksicht auf dich. Und ich bin echt [a] gestresst [b] enttäuscht [c] erfreut, dass du nicht mit mir nach Chile fahren willst.
7. ____ *Frank:* Ich verstehe dein Bedürfnis, deine Familie zu sehen. Aber [a] frage [b] verlange [c] wünsche ich zu viel, wenn du einmal Rücksicht auf mich nehmen sollst?

Modul 1

10 Finden Sie in der Wortschlange zehn Adjektive und bilden Sie dann den Komparativ und den Superlativ.

armgroßhochgernnahvielschwachjunggutdumm

1.			6.		
2.			7.		
3.			8.		
4.			9.		
5.			10.		

11a Vergleichssätze mit *als* und *wie*. Ergänzen Sie *als* oder *wie*.

Gleichheit: *genauso*________. Ungleichheit: *anders*________.

b Sich auf einen Auslandsaufenthalt vorbereiten.

1. Körpersprache ist im interkulturellen Kontakt wichtiger, *als* die meisten denken.
2. Viele interkulturelle Missverständnisse entstehen, weil körpersprachliche Signale oft unterschiedlicher sind, ______ man annimmt.
3. Deshalb ist es vor einem Auslandsaufenthalt genauso wichtig, etwas über die Körpersprache zu wissen, ______ die Sprache zu lernen.
4. Viele Gesten bedeuten in anderen Kulturen etwas anderes ______ in der eigenen.
5. Auch die Mimik muss man oft anders deuten, ______ man es gewohnt ist.
6. Der Blickkontakt in Japan ist zum Beispiel nicht so direkt ______ in Europa.
7. Allgemein sprechen die Asiaten viel leiser ______ die Europäer.
8. Aber trotz allen Trainings braucht man viel Geduld, bis man sich in der fremden Kultur genauso souverän bewegen kann ______ die Einheimischen.

c Zwei Kollegen haben einen neuen Job im Ausland. Schreiben Sie die Sätze um: mit Komparativ + *als* oder *nicht so* + Adjektiv + *wie*.

1. Am Anfang fühlte sie sich wohler als er. Am Anfang fühlte er sich ________________ sie.
2. Sie kam mit der fremden Sprache besser klar als er. Er kam mit der fremden Sprache ________________ sie.
3. Sie hatte schneller Kontakt zu den ausländischen Kollegen. Er hatte ________________ sie Kontakt zu den ausländischen Kollegen.
4. Sie wurde abends nicht so früh müde wie er. Er wurde abends ________________ sie.

12a Andere Länder, andere Sitten. Welche Bedeutung haben diese Gesten? Kombinieren Sie.

1. *b* in arabischen Ländern: sich intensiv in die Augen schauen
2. ___ in Nordamerika: kräftig mit der Faust auf den Tisch hauen
3. ___ in vielen Kulturen: heftig den Kopf schütteln
4. ___ in Japan: tief in der Hierarchie stehen
5. ___ in Deutschland: Handschlag fest sein
6. ___ in Russland: sich innig umarmen
7. ___ Europa: nördlich reisen

a einen Punkt in der Diskussion stark betonen wollen
b glauben, die wahren Absichten des Gegenübers erforschen zu können
c sich tief verbeugen müssen
d große Selbstsicherheit zeigen
e die Begrüßung freundlich gemeint sein
f wenig Körperkontakt üblich sein
g Verneinung stark zum Ausdruck bringen

b Bilden Sie nun mit den Ausdrücken aus 12a Vergleichssätze mit *je … desto/umso* und *man*.

1. *Je intensiver man sich in arabischen Ländern in die Augen schaut, desto besser glaubt man, die wahren Absichten des Gegenübers erforschen zu können.*
2. ______
3. ______
4. ______
5. ______
6. ______
7. ______

Modul 3 **13a Das Wort *es*. Wo passt es? Markieren Sie mit einem Pfeil.**

bleib ↓ geht – richtig – schneit – nieselt – stressig – gefällt mir – macht Spaß – war falsch – sind darüber erstaunt – ist verständlich – bin fest entschlossen – ist verboten – hör auf

b Ordnen Sie die Verbindungen mit *es* in die Tabelle ein.

~~es regnet~~ es geht um … es klopft es ist acht Uhr es hängt von … ab ~~es riecht nach …~~ es hagelt es gefällt mir es ist schon spät es gibt es klingelt es nieselt es schmeckt mir es handelt sich um … es tut mir weh es gewittert es läutet es kommt darauf an

Wetter/Klima	Zeit	Geräusche	sonstige Wahrnehmungen / Gefühle	Thema
es regnet			*es riecht nach …*	

c Wie ist das Wetter? Schreiben Sie.

1.  *Es schneit.*
2.  ____________________
3.  ____________________
4.  ____________________
5.  ____________________
6.  ____________________

14a So viel Schnee. Macarena spricht über das Wetter in ihrer neuen Heimat. Bilden Sie Sätze. Achten Sie darauf, ob ein Infinitiv mit *zu* oder ein *dass*-Satz folgt. Manchmal geht beides.

1. neu sein – hier in Bayern – so viel Schnee sehen – für mich
   ____
2. die Häuser – so gut isoliert sein – nicht verwunderlich sein – deshalb
   ____
3. so kalt sein – letzten Winter – was anziehen sollen – nicht wissen
   ____
4. natürlich – anstrengend sein – Schnee schaufeln – anfangs – jeden Tag
   ____
5. so hoch in den Bergen – oft neblig sein – nicht erstaunlich sein
   ____
6. am Anfang – nichts sehen können – mich erschrecken
   ____
7. durch den Schnee stapfen – irgendwann – richtig Spaß machen
   ____
8. bewundernswert finden – meine Familie – ich – immer noch – hier so schnell einleben
   ____

b Mit oder ohne *es*? Mit oder ohne *zu*? Sind die Sätze richtig oder falsch? Kreuzen Sie an.

	richtig	falsch
1. Ich hoffe, dass bald aufhört schneien.	☐	☒
2. Ich kann es kaum abwarten, den Frühling zu spüren.	☐	☐
3. Ich finde deprimierend, dass immer so dunkel ist.	☐	☐
4. Wundert mich sehen, dass die Leute sonntags in die Kirche gehen.	☐	☐
5. Denn es ist nicht leicht, sich in diesem Schnee fortbewegen.	☐	☐
6. Aber ich finde es romantisch, es in der Ferne läuten zu hören.	☐	☐
7. Frank sagt, ist wichtig, Kontakt zu den Dorfbewohnern zu haben.	☐	☐
8. Fällt mir nicht mehr schwer, mit den Nachbarn plaudern.	☐	☐

c Korrigieren Sie die falschen Sätze.

d Schreiben Sie die Sätze ohne *es*.

1. Ich finde es interessant, nach der Kirche mit den Nachbarinnen zu plaudern.
2. Meine Nachbarinnen wundert es, dass ich als Großstädterin so gut auf dem Land klarkomme.
3. Allerdings vermisse ich es manchmal, mein eigenes Geld zu verdienen.
4. Aber es ist Frank und mir jetzt erst einmal wichtig, an Nachwuchs zu denken.
5. Es würde uns total freuen, bald Kinder zu haben.
6. Aber es ist noch ein Geheimnis, dass ich schon schwanger bin.

1. Nach der Kirche mit den Nachbarinnen zu plaudern finde ich interessant.

Wortschatz-Hitparade

Nomen

das Argument, -e __________
der Ausdruck, ''-e __________
das Bedauern *Sg.* __________
die Begeisterung, -em __________
die Begrüßung, -en __________
der Blickkontakt, -e __________
der Einheimische, -n __________
die Faust, ''-e __________
das Gegenüber, – __________
der Gesichtsausdruck, ''-e __________
die Geste, -n __________
das Gewitter, – __________
die Gleichgültigkeit *Sg.* __________
der Hagel *meist Sg.* __________
der Händedruck *Sg.* __________
der Handschlag, ''-e __________
der Körperkontakt, -e __________
die Körpersprache, -n __________
die Langeweile *Sg.* __________
der Nachwuchs *Sg.* __________
die Rücksicht *Sg.* __________
die Selbstsicherheit *Sg.* __________
der Smalltalk *Sg.* __________
der Standpunkt, -e __________
der Streit, -e __________
die Streitkultur, -en __________
die Unterstützung, -en __________
die Verwunderung, -en __________

Verben

absprechen __________
ansprechen __________
beherrschen __________
blinzeln __________
(sich) einigen __________
erforschen __________
erläutern __________
erwerben __________
klingeln __________
klopfen __________
kreischen __________
läuten __________
plaudern __________
runzeln __________
schaufeln __________
schelten __________
schütteln __________
stammeln __________
stapfen __________
stottern __________
(sich) verbeugen __________
versprechen __________

Adjektive

aggressiv __________
ärgerlich __________
erstaunt __________
heftig __________
sauer __________
sprachlos __________
verständlich __________
wütend __________

Andere Wörter

je … desto __________
nämlich __________
nicht so __________
trotz __________

15 Ergänzen Sie Nomen aus der Hitparade.

1. Zur *Begrüßung* __________ ist es in Deutschland üblich, sich die Hand zu geben.
2. Ansonsten ist __________ unter Fremden in Deutschland nicht üblich.
3. Körpersprache ist wichtig. __________ sagen oft mehr als Worte.
4. Ein fester __________ ist in Deutschland ein Zeichen für __________.
5. In einer fremden Kultur ist es oft schwierig, den __________ der __________ richtig zu deuten.
6. Wenn man in Deutschland sein __________ nicht anschaut und ihm nicht richtig zuhört, wird das oft als Zeichen für __________ ausgelegt.
7. Einen Konflikt als konstruktiv zu erleben gehört zur __________.

16 Finden Sie Synonyme zu diesen Verben und Adjektiven in der Hitparade. Suchen Sie weitere Synonyme im Wörterbuch.

1. erklären: *erläutern, darstellen ...*
2. schreien: __________
3. tadeln: __________
4. gehen: __________
5. ertönen: __________
6. sich unterhalten: __________
7. sauer: __________
8. stark: __________
9. überrascht: __________

17 Wichtige Ausdrücke und Sätze. Schreiben Sie in Ihrer Sprache.

Da haben Sie recht! __________

Das kann ich nur befürworten. __________

Das Gegenteil ist der Fall. __________

Ich stehe auf dem Standpunkt, dass ... __________

Es handelt sich um ... __________

Es ist verständlich, dass ... __________

18 Wörter und Sätze, die Sie wichtig finden:

Deutsch:	Ihre Sprache:
__________	__________
__________	__________
__________	__________
__________	__________
__________	__________
__________	__________

19 Schreiben Sie einen kurzen Text (ca. 80 Wörter) über die wichtigsten Regeln der nonverbalen Kommunikation in Ihrem Land. Gehen Sie dabei auf Begrüßung, Gesichtsausdruck, Körperkontakt, Distanz, Lautstärke usw. ein und formulieren Sie Infinitivsätze, zum Beispiel mit *Es ist wichtig ...*, *Es ist darauf zu achten ...*, *Es gilt als (un)höflich ...*, *Es ist (nicht) erlaubt ...*, *Es gilt als (un)angemessen ...*

Arbeit ist das halbe Leben?

Auftakt **1a Alte und neue, gewöhnliche und ungewöhnliche Berufe. Lösen Sie das Kreuzworträtsel. Wenn Sie Hilfe brauchen, recherchieren Sie im Internet.**

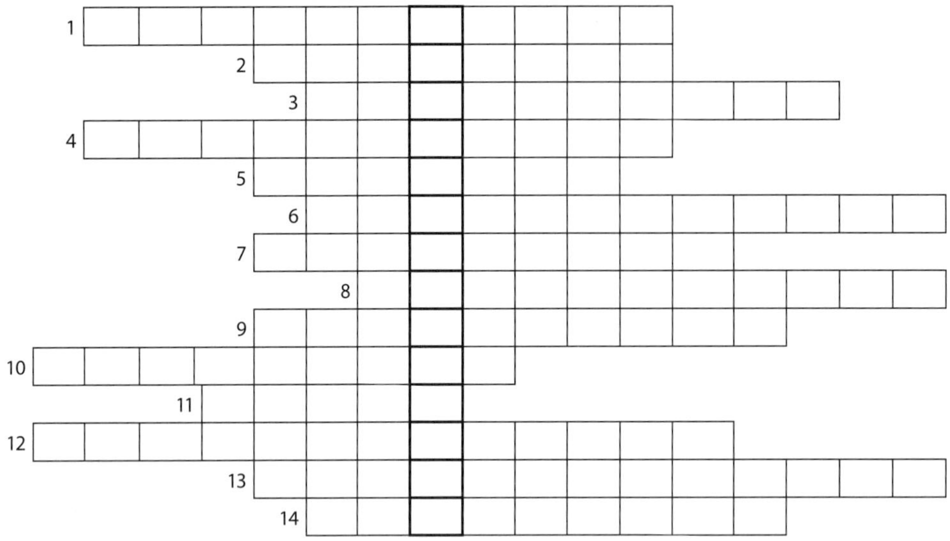

1. Sie pflegt die Bäume im Wald.
2. Sie ersetzen Schauspieler in gefährlichen Szenen.
3. Sie erzeugt Produkte aus Tieren, Gemüse oder Obst.
4. Sie kreiert Düfte.
5. Er spielt Klavier und gibt Konzerte.
6. Er baut Instrumente für 5.
7. Sie arbeitet mit Blumen.
8. Sie näht oder flickt Kleidung.
9. Er bindet Bücher.
10. Sie schreibt im Internet über alles Mögliche.
11. Er steuert Flugzeuge.
12. Sie kümmert sich um Tiere, zum Beispiel im Zoo.
13. Er schminkt Schauspieler.
14. Er ist Arzt für Innere Medizin.

Senkrecht: Er richtet Häuser und Wohnungen ein.

In welchem Beruf geben laut Umfrage des Meinungsforschungsinstituts Gallup rund 87 % der Menschen an, glücklich zu sein. Raten Sie! ______________________________ (Die Lösung finden Sie auf Seite 87.)

b Berufsprofile. Welche Tätigkeiten üben diese Personen aus. Recherchieren Sie und schreiben Sie mit Ihren eigenen Worten.

1. Eventmanager/in: ______________________________
2. Versicherungskaufmann/frau: ______________________________
3. Bio-Landwirt/in: ______________________________

2 Arbeit und Beruf. Ordnen Sie die Oberbegriffe zu.

die Karriere ~~die Ausbildung~~ die Arbeitszeit der Arbeitsvertrag das Unternehmen die Arbeitssuche

1. *die Ausbildung*: die Lehre – das Studium – das Praktikum
2. ______________________: der Lebenslauf – das Bewerbungsschreiben – das Vorstellungsgespräch
3. ______________________: die Abteilung – der Chef – die Fachleute
4. ______________________: das Gehalt – die Arbeitszeit – die Tätigkeit
5. ______________________: die Vollzeitstelle – die Teilzeitstelle – der Nebenjob
6. ______________________: die Weiterbildung – die Beförderung – die Berufserfahrung

Modul 1 **3a Was ist beruflich wichtig? Kombinieren Sie.**

1. ____ berufliche Kontakte
2. ____ Berufserfahrung
3. ____ Mitarbeiter
4. ____ sich selbstständig
5. ____ vom Betrieb übernommen
6. ____ eine Zusage

a bekommen
b entlassen
c knüpfen
d machen
e sammeln
f werden

Module 1+2 **b Was gehört noch zum Job? Ordnen Sie die Buchstaben.**

1. LCDSETSIUNGURK ____________
2. UEEMNTRHNEN ____________
3. VGEETTEORZSR ____________
4. ACEGTEUCHSNIASFN ____________
5. FBIAENREED ____________
6. ÜURENBTDSEN ____________
7. ENUNTANPNSG ____________
8. TTZEIIIRLABEET ____________

Modul 3 **4a Welches Verb passt nicht? Streichen Sie durch.**

1. einen Termin	absagen – austeilen – bestätigen – verschieben
2. einen Event	anbieten – buchen – planen – warten
3. Mitarbeiter	einstellen – erledigen – motivieren – überzeugen
4. Teamgeist	besitzen – entwickeln – fördern – für sich behalten
5. ein Seminar	entstehen – durchführen – leiten – vorbereiten
6. Aufgaben	erledigen – investieren – lösen – übernehmen

b Was ist in Ihrem Beruf wichtig? Sammeln und notieren Sie. Arbeiten Sie mit dem Wörterbuch. Verwenden Sie folgende Sätze: *Ich arbeite als … In meinem Beruf …*

Modul 4 **5 Ein Stellenangebot. Setzen Sie das passende Wort ein.**

Auftraggeber Ausbildung Fähigkeiten entwickeln Event Hinsicht kontrollieren Marketingaktionen persönlich professionell qualifizierte Rahmenprogramm Sprachkenntnisse streben Teams Unternehmen Veranstaltungen verwalten

Im Bereich Tagungs- und (1) ____________management bieten wir (2) ____________ Service für (3) ____________ und Verbände. Unsere (4) ____________ verlangen perfekt organisierte (5) ____________ (Konferenzen, Workshops, Expertentagungen), bei denen vom Fachprogramm bis zum (6) ____________ alles durchdacht ist. Wir suchen zur Verstärkung unseres (7) ____________ eine(n) (8) ____________(n) Event-Manager(in) mit einer adäquaten (9) ____________.
IHRE AUFGABEN: Sie bereiten Fachtagungen in organisatorischer (10) ____________ eigenständig vor und (11) ____________ zudem ein zielgruppenadäquates Rahmenprogramm. Sie (12) ____________ das Budget, Sie erstellen Tagungsunterlagen, koordinieren die (13) ____________ und (14) ____________ die Wirtschaftlichkeit von Tagungen und Events.
IHR Profil: Sie sind fachlich qualifiziert und (15) ____________ engagiert? Sie besitzen organisatorische (16) ____________ und (17) ____________ nach Perfektion. (18) ____________: Deutsch, Englisch.

Redemittel

Modul 2 **6 Erwartungen und Hoffnungen. Macarena berichtet. Formulieren Sie die Sätze anders. Die Redemittel im Lehrbuch in Aufgabe 1b können Ihnen helfen.**

1. Einen Beruf zu haben war mir immer schon sehr wichtig.

   ____

2. Denn das würde mir helfen, selbst über mein Leben entscheiden zu können.

   ____

3. Leider war es dann hier in Deutschland nicht so, wie ich gehofft hatte.

   ____

4. Stattdessen stelle ich nun fest, dass Frank von seiner Arbeit oft völlig überlastet ist.

   ____

5. Aber ich finde, ein Beruf, ein Job oder eine Aufgabe sollte auf keinen Fall nur Pflicht sein.

   ____

7 Über etwas diskutieren. Ergänzen Sie die Redemittel und ordnen Sie sie der entsprechenden Kategorie zu: a) Wichtigkeit ausdrücken, b) über eigene Erfahrungen berichten, c) über eigene Erwartungen sprechen.

1. ____ Ich könnte mir v__________n, dass …
2. ____ Ein wichtiger P__________t ist …
3. ____ Ich habe f__________llt, dass …
4. ____ E______________d für …, ist
5. ____ Ich habe die E__________g gemacht, dass …
6. ____ Ich v__________e mir von …, dass …
7. ____ Ev__________ll/W__________________ …
8. ____ Für mich ist es w______________, …

Modul 4 **8 Ein Bewerbungsschreiben. Wie passen die folgenden Teilsätze zusammen? Ordnen Sie zu.**

1. _c_ Mit großem Interesse …
2. ____ Da ich mich beruflich verändern möchte, …
3. ____ Nach erfolgreichem Abschluss …
4. ____ In meiner jetzigen Tätigkeit …
5. ____ Meine bisherige Berufserfahrung hat mir gezeigt, …
6. ____ Neben sehr guten Kenntnissen …
7. ____ Mit dem Eintritt in Ihr Unternehmen …
8. ____ Die Tätigkeit als Teamassistentin in Ihrer Firma …
9. ____ Über eine Einladung zu einem Vorstellungsgespräch …

a … bewerbe ich mich hiermit auf die ausgeschriebene Stelle als Teamassistentin.
b … in Englisch und Französisch habe ich mir in den letzten Jahren gute Italienisch- und Russisch-Kenntnisse angeeignet.
c … habe ich Ihre obengenannte Anzeige gelesen.
d … verbinde ich die Erwartung, meine Kenntnisse und Erfahrung in ein motiviertes Team einbringen zu können.
e … bin ich vor allem für folgende Aufgabenbereiche zuständig: …
f … könnte ich ab dem 1. August beginnen.
g … meiner Ausbildung als Fremdsprachensekretärin arbeite ich seit drei Jahren als Sekretärin in einem großen, international tätigen Unternehmen.
h … freue ich mich sehr.
i … dass ich sowohl gern im Team arbeite als auch jederzeit bereit bin, Verantwortung zu übernehmen.

Modul 1 **9a Zweiteilige Konnektoren. Was passt zusammen? Kombinieren Sie.**

aber als auch desto entweder je nicht nur noch oder sondern auch sowohl weder zwar

1. ______ 3. ______ 5. ______
2. ______ 4. ______ 6. ______

b Ergänzen Sie die passenden Konnektoren in den Sätzen. Um welchen Beruf handelt es sich? Ordnen Sie zu.

zwar … aber ~~weder … noch~~ je … desto sowohl … als auch nicht nur … sondern auch einerseits … andererseits entweder … oder

Musikerin Schneider Architektin Arzt Handwerker Reiseleiterin ~~Pilot~~

1. In seinem Beruf darf man *weder* ______ Angst vor Höhe *noch* ______ vor großen Geschwindigkeiten haben. → *Pilot*
2. ______ früher sie ein Instrument erlernt, ______ größer sind ihre Chancen, berühmt zu werden. → ______
3. In ihrem Beruf muss man ______ eine gute räumliche Vorstellung, ______ gute Kenntnisse in Mathematik haben. → ______
4. ______ hat er eine eigene Praxis ______ er kann als Angestellter in einem Krankenhaus arbeiten. → ______
5. ______ kann sie in ihrem Beruf viele Länder und andere Kulturen kennenlernen, ______ ist es aber auch anstrengend, immer unterwegs zu sein. → ______
6. Wenn er selbstständig ist, muss er ______ die körperliche Arbeit, z. B. als Dachdecker, tun, ______ Aufträge einholen, Rechnungen erstellen etc. → ______
7. Er muss ______ vor allem gut nähen können, ______ ein gutes Gespür für Farben und Formen ist in seinem Beruf auch sehr wichtig. → ______

10a *Ja, aber …* Macarena erzählt von den Vor- und Nachteilen ihrer Arbeit als Floristin. Schreiben Sie Sätze mit *einerseits … andererseits* oder *zwar … aber.*

	positiv	negativ
1.	schöne Aufgaben haben	Arbeitszeiten sind ungünstig
2.	eigenes Geld verdienen	wenig Zeit für mich haben
3.	viel Kontakt zu Deutschen haben	Weg zur Arbeit ziemlich ist lang
4.	nette Chefin haben	Gehalt ist nicht sehr hoch

1. Einerseits habe ich schöne Aufgaben, andererseits sind die Arbeitszeiten ungünstig.

b Aufzählung und Alternative. Verbinden Sie die Sätze mit den Konnektoren *sowohl … als auch, nicht nur … sondern auch, weder … noch* oder *entweder … oder.*

1. Frank und sein Bio-Bauernhof in Bayern
a Frank hat eine Ausbildung zum Versicherungskaufmann gemacht. Er hat Agrarwirtschaft studiert.
b Er hat den Bauernhof seiner Eltern auf ökologische Landwirtschaft umgestellt. Er hat die Produktpalette ausgebaut.
c Seine Eltern helfen mit. Seine Brüder packen auf dem Hof mit an.

2. Macarena auf Franks Bio-Bauernhof
a Wenn Macarena nicht will, muss sie nicht arbeiten gehen. Sie braucht auch nicht auf dem Hof zu helfen.
b Die Arbeit auf dem Bauernhof ist nicht leicht. Sie gefällt ihr auch nicht besonders.
c Sie arbeitet als Floristin. Sie schreibt einen Blog.
d Sie hat nicht genug Zeit für die Familie. Sie hat auch nicht genug Zeit für das Schreiben.
e Sie gibt den Blog auf. Sie kündigt ihre Stelle.

1. a Frank hat nicht nur eine Ausbildung zum Versicherungskaufmann gemacht, sondern auch Agrarwirtschaft studiert.

Modul 3 **11a Konnektoren mit *zu* + Infinitiv. Welche Bedeutung haben diese Konnektoren? Ordnen Sie zu. Ergänzen Sie anschließend weitere adversative/alternative, finale und restriktive Konnektoren.**

a *ohne zu*	1. ____ adversativ/alternativ, weitere Konnektoren: ______________________
b *anstatt zu*	2. ____ final, weitere Konnektoren: ______________________
c *um zu*	3. ____ restriktiv, weitere Konnektoren: ______________________

b Josef und Elisabeth, Franks Eltern, sprechen über Macarena. Was passt: *um …, ohne …* oder *anstatt …*?

Macarena ist nach Deutschland gekommen, (1) ______________ ein Wort Deutsch zu sprechen. Sie hat immer nur Englisch gesprochen, (2) ______________ Deutsch zu lernen. Wir haben sogar ein bisschen Englisch gelernt, (3) ______________ sie verstehen zu können. Eigentlich wollte sie gleich zu Anfang Deutsch lernen, (4) ______________ sofort eine Arbeit zu suchen. Aber dann hat sie doch einen Job angenommen, (5) ______________ erst richtig Deutsch zu lernen. Wir fanden ja, sie sollte lieber auf dem Hof mithelfen, (6) ______________ den Teilzeitjob als Floristin in der weit entfernten Kreisstadt anzunehmen. Aber sie hat das einfach gemacht, (7) ______________ überhaupt einen Führerschein zu haben. „Mach doch erst den Führerschein, (8) ______________ nicht so viel Zeit zu verlieren“, haben wir zu ihr gesagt. Und nachmittags sitzt sie dann stundenlang vor ihrem Computer (9) ______________ auf dem Hof mit anzupacken. Aber Frank hat uns gebeten, uns nicht mehr einzumischen, (10) ______________ seine Beziehung nicht zu gefährden.

12a Gleiches Subjekt oder nicht? Ergänzen Sie.

Wenn das Subjekt im Hauptsatz und im Nebensatz nicht identisch ist, dann steht statt

1. *um … zu* → ______________ 2. *ohne … zu* → ______________ 3. *anstatt … zu* → ______________

b Frank berichtet. Bilden Sie Sätze und verwenden Sie die Konnektoren aus dem Kasten. Achten Sie auf die Zeitform in Haupt- und Nebensatz.

anstatt … dass   anstatt … zu   damit   damit   ohne dass …   ohne dass …   um … zu   um … zu   um … zu

1. meine Eltern – sich nicht mehr einmischen – sollen / Macarena – frei entscheiden – können
2. man – Zeit – brauchen / in einem neuen Land – sich einleben
3. ich – Macarena – erst einmal – Traktor fahren – beibringen / sie – ihren Führerschein – machen – können
4. ich – Macarena – oft lieber – in die Stadt – bringen / sie – mit dem Bus – fahren
5. übrigens – Macarenas Blog – sehr erfolgreich – sein / sie – Erfahrung als Bloggerin – haben
6. Macarena – vielleicht – mehr schreiben – sollen / als Floristin – arbeiten
7. Außerdem – Macarena – vielleicht – Events auf dem Hof – organisieren – können / eigenes Geld verdienen
8. Wir – genug Platz – haben / große Events – durchführen – können
9. Wir – auch Catering – anbieten – können / großer Aufwand – dazu – nötig sein

Module 3+4 **13 Tipps für die Bewerbung. Formulieren Sie die Sätze anders. Die Übersicht in Übung 11a kann Ihnen dabei helfen.**

1. Ein Bewerbungsanschreiben sollte maximal zwei Seiten lang sein, um nicht unübersichtlich zu werden.
2. Man kann auch überzeugend sein, ohne seitenlange Bewerbungsanschreiben zu verschicken.
3. Sie dürfen das Bewerbungsfoto im Lebenslauf nicht vergessen, um einen besseren Eindruck zu machen.
4. Fügen Sie das Foto Ihrem Lebenslauf bei, anstatt es zum Bewerbungsanschreiben zu legen.
5. Machen Sie im Lebenslauf Ihre Qualifikationen deutlich, ohne zu übertreiben.
6. Sie können auch eine E-Mail schreiben, anstatt die Bewerbung per Post zu schicken.
7. Überprüfen Sie auf jeden Fall die Rechtschreibung, um formale Fehler zu vermeiden.
8. Bewerben Sie sich aktiv, anstatt auf ein passendes Stellenangebot zu warten.
9. Sie können sich im Internet informieren, um mehr über die Firma zu erfahren.
10. Man sollte sich gut auf das Bewerbungsgespräch vorbereiten, um nicht nervös zu werden.

1. Ein Bewerbungsanschreiben sollte maximal zwei Seiten lang sein, weil es sonst zu unübersichtlich wird.

Wortschatz-Hitparade

Nomen

der Abschluss, ¨-e ______
der Auftraggeber, – ______
der Aufwand, ¨-e *meist Sg.* ______
die Beförderung, -en ______
das Bewerbungsanschreiben, – ______
der Buchbinder, – ______
der Dachdecker, – ______
der Florist, -en ______
der Forstwirt, – ______
die Geschwindigkeit, -en ______
das Gespür *Sg.* ______
der Internist, -en ______
der Landwirt, -e ______
der Leistungsdruck *Sg.* ______
die Produktpalette, -n ______
das Rahmenprogramm, -e ______
die Tagung, -en ______
der Tierpfleger, – ______
der Traktor, -en ______
die Überstunde, -n ______
die Unterlage, -n ______
die Veranstaltung, -en ______
das Verbrechen, – ______
der Versicherungskaufmann, -leute ______
die Verstärkung, -en ______
die Vollzeitstelle, -n ______
die Wirtschaftlichkeit, -en ______
die Zusage, -n ______

Verben

aneignen ______
anpacken ______
ausbauen ______
austeilen ______
(für sich) behalten ______
beibringen ______
durchdenken ______
(sich) einmischen ______
erledigen ______
erzeugen ______
flicken ______
gefährden ______
nähen ______
streben (nach) ______
verlegen ______
vermeiden ______
verschieben ______
verwalten ______

Adjektive

durchdacht ______
eigenständig ______
engagiert ______
erfolgreich ______
fachlich ______
qualifiziert ______
räumlich ______
überlastet ______
unübersichtlich ______
zuständig ______

Andere Wörter

andererseits ______
(an)statt ______
zudem ______
zwar ______

14 **Beruf und Arbeit. Ergänzen Sie die Mindmaps mit Wörtern aus der Hitparade.**

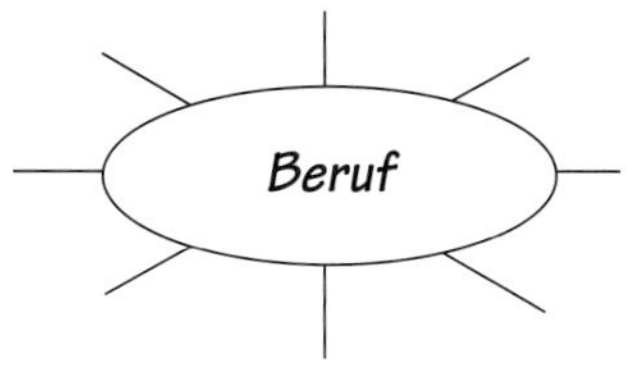

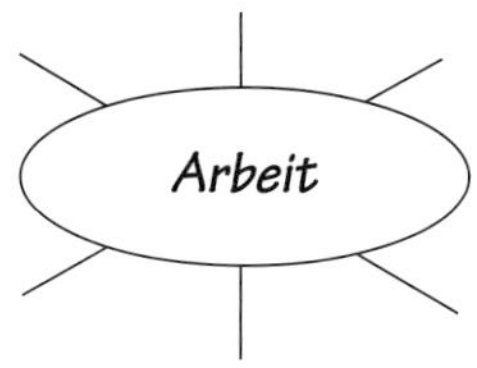

15 **Ergänzen Sie die Ausdrücke mit passenden Verben aus der Hitparade.**

1. ein Budget ______________________
2. nach Perfektion ______________________
3. ein Geheimnis ______________________
4. ein Problem noch einmal ______________________
5. eine Arbeit sorgfältig ______________________
6. bei einer Arbeit mit ______________________
7. jemandem etwas Neues ______________________
8. sich nicht in fremde Angelegenheiten ______________________
9. sich neue Kenntnisse ______________________

16 **Bilden Sie Verben oder Nomen oder, wenn möglich, beides zu den Adjektiven aus der Hitparade.**

Adjektiv	Verb	Nomen	Adjektiv	Verb	Nomen
1. engagiert			4. fachlich		
2. erfolgreich			5. überlastet		
3. qualifiziert			6. zuständig		

17 **Wichtige Ausdrücke und Sätze. Schreiben Sie in Ihrer Sprache.**

Es war mir immer schon wichtig … ______________________

Es würde mir helfen … ______________________

Ich habe festgestellt, dass … ______________________

Ich könnte mir vorstellen, dass … ______________________

Ich bin jederzeit bereit … ______________________

Über … würde ich mich sehr freuen. ______________________

18 **Wörter und Sätze, die Sie wichtig finden:**

Deutsch:	Ihre Sprache:
______________________	______________________
______________________	______________________
______________________	______________________
______________________	______________________
______________________	______________________

19 **Mein Text. Lesen Sie noch einmal das Stellenangebot in Übung 5. Entwerfen Sie nun ein entsprechendes Bewerbungsanschreiben und erstellen Sie einen Lebenslauf, der Sie bestens für diese Stelle qualifiziert.**

Zusammen leben

Auftakt **1a Gesellschaft … Welches Wort passt? Ergänzen Sie den Text.**

der Arbeitslose · die Armut · der Bildungsstand · der Bürger · die Gesellschaft · die Initiative · der Migrant · das Pflegeheim · die Schicht · sozial · der Umweltschutz · der Verein

Obwohl wir in einer modernen (1) ____________ leben, gibt es immer noch erhebliche Unterschiede zwischen den gesellschaftlichen (2) ____________. Auch in Deutschland nimmt die (3) ____________ zu. Besonders armutsgefährdet sind (4) Langzeit-____________, Personen mit niedrigem (5) ____________ und auch (6) ____________. Gleichzeitig gibt es viele Menschen, die sich (7) ____________ engagieren. Jeder dritte deutsche (8) ____________ leistet Freiwilligenarbeit. Die Art und Weise des Engagements ist ganz unterschiedlich: Sie gründen (9) Stadtteil-____________, sie trainieren Kinder in (10) Sport____________, helfen alten Menschen in (11) ____________ oder setzen sich für Natur- und (12) ____________ ein.

b … und Politik. Ergänzen Sie die Mindmap.

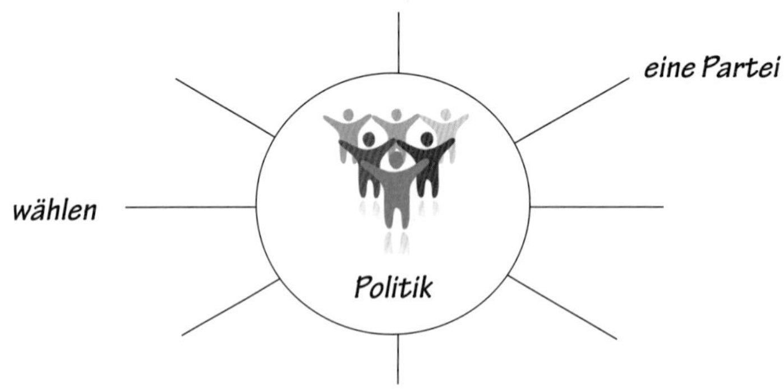

2a *Regieren* und *etwas beeinflussen*. Was passt zu den Verben? Ergänzen Sie.

1. ausbauen: ____________
2. beeinflussen: ____________
3. fördern: ____________
4. regieren: ____________

b Sollte es das geben? Nein! Finden Sie das Gegenteil.

1. die Armut ____________
2. die Diktatur ____________
3. die Diskriminierung ____________
4. der Egoismus ____________
5. die Intoleranz ____________
6. die Krankheit ____________
7. der Krieg ____________
8. das Misstrauen ____________
9. die Ungerechtigkeit ____________
10. die Umweltzerstörung ____________

c Wie sieht Ihre ideale Gesellschaft aus? Schreiben Sie fünf Sätze.

1. Mein Ideal ist eine Gesellschaft, in der es keine Armut gibt.

Wortschatz 4

Modul 1 **3 Wege aus der Gewalt. Wie heißen die Verben richtig?**

1. jemanden beim Randalieren oder beim Klauen ____________________ (icewsrnhe)
2. sich die Zukunft nicht unnötig ____________________ (veeaubnr)
3. Verantwortung für sein Handeln ____________________ (rheenebünm)
4. Stress-Situationen und Konflikte ____________________ (lgeäiwenbt)

Modul 2 **4a Arm oder reich? Ergänzen Sie die Sätze mit den Nomen aus dem Kasten.**

Eigentum	Elend	Ersparnisse	Mangel	Sorgen	Überfluss	Wohlstand

1. Wenn man gut mit dem leben kann, was man hat, dann lebt man im ____________________.
2. Wenn man sich viele Gedanken über Probleme macht, hat man ____________________.
3. Wenn man von etwas Wichtigem nicht genug hat, herrscht ____________________.
4. Wenn man etwas besitzt, dann hat man ____________________.
5. Wenn man sehr viel mehr hat, als man braucht, lebt man im ____________________.
6. Wenn man nicht alles ausgibt, was man verdient, dann hat man ____________________.
7. Wenn man an der untersten Stufe der Armut angekommen ist, lebt man im ____________________.

b Finden Sie in der Wortschlange acht Adjektive und ordnen Sie diese zu.

bettelarmbedürftigeinkommensschwachfinanzkräftigmittellossteinreichvermögendwohlhabend

1. arm: ____
2. reich: ____

c Ergänzen Sie die Ausdrücke. Welche bezeichnen Armut (A), welche Reichtum (R)?

leben	bringen	~~gesehen haben~~	schnallen	haben	stehen

1. _A_ bessere Tage _gesehen haben_
2. ____ den Gürtel enger ____________________
3. ____ Geld wie Heu ____________________
4. ____ vor dem Nichts ____________________
5. ____ es zu etwas ____________________
6. ____ von der Hand in den Mund ____________________

Modul 4 **5 Klischees über Männer und Frauen. Was passt zu Männern (M) und was zu Frauen (F)? Notieren Sie.**

1. _M_ räumen nie auf
2. ____ karriereorientiert
3. ____ telefonieren stundenlang
4. ____ konsumsüchtig
5. ____ bevorzugen wohlhabenden Partner
6. ____ unsensibel
7. ____ finanziell abhängig
8. ____ selbstbewusst
9. ____ Alleinernährer
10. ____ benachteiligt

Modul 4 **6a Redemittel für Diskussionen wiederholen und erweitern: zustimmen (+), zweifeln (?), ablehnen (–). Welche Überschrift passt wo?**

1. ____: Dazu habe ich eine andere Meinung … – Ich glaube nicht, dass … – Das sehe ich anders. – Da möchte ich widersprechen, denn …
2. ____: Es ist richtig, dass … – Ich finde, dass … recht hat. – Ich glaube auch, dass … – Das sehe ich genauso. – Ich vertrete ebenfalls die Auffassung, dass … – Da kann ich nur zustimmen, denn …
3. ____: Ich bezweifle, dass … – Ich bin nicht sicher, ob … – Teilweise stimmt das natürlich, aber … – Das erscheint mir fraglich, denn …

b Ergänzen Sie passende Redemittel: zustimmen (+), zweifeln (?), ablehnen (–).

1. Männer haben als Beschützer ausgedient.
   (–): ______________________________. Ich finde, Männer sollten Frauen in schwierigen Situationen unterstützen.
2. Der Autor meint, es gibt keine eindeutige Rollenverteilung mehr.
   (?): ______________________________ in vielen Familien ist die Rollenverteilung noch ganz traditionell.
3. Die Partner in modernen Beziehungen sind sich ebenbürtig.
   (+): ______________________________. Heutzutage sollte niemand mehr sagen, dass Männer den Frauen überlegen sind.
4. Frauen haben einen Vorteil: Sie bekommen die Kinder.
   (–): ______________________________, dass das ein Vorteil ist.
5. Es ist einfach so, dass Männern die Karriere immer noch wichtiger ist als die Familie.
   (?): ______________________________, denn ich kenne mittlerweile auch andere Beispiele.

c Kritik erwünscht! Wie kann ich a) Verärgerung ausdrücken / Kritik üben oder b) auf Kritik reagieren? Ergänzen Sie die Redemittel und ordnen Sie zu.

1. ____ Ich habe keine L _ _ _ mehr …
2. ____ Immer bist du am M _ _ _ _ _ _, dabei …
3. ____ Du könntest w _ _ _ _ _ _ _ _ _ mal …
4. ____ Deine V _ _ _ _ _ _ _ nerven total!
5. ____ Tut mir leid, das ist mir gar nicht a _ _ _ _ _ _ _ _ _ _.
6. ____ S _ _ _ _ _ _ machst du …

d Macarena diskutiert mit Elisabeth, ihrer Schwiegermutter. Wie reagiert Macarena? Schreiben Sie.

1. *Elisabeth:* Du solltest nicht arbeiten gehen, sondern dich um Frank, um uns und um den Hof kümmern.
   Marcarena: ______________________________.
2. *Elisabeth:* Hier bei uns auf dem Land machen das alle Frauen so.
   Macarena: ______________________________.
3. *Elisabeth:* Bei euch in Südamerika können die Frauen doch auch nicht machen, was sie wollen.
   Macarena: ______________________________.
4. *Elisabeth:* Aber, Kind, siehst du denn nicht, dass ich es nur gut mit dir meine?
   Macarena: ______________________________.

Modul 1 **7a Relativpronomen und Pronomen. Lösen Sie das Sudoku.**

der	die	dessen		deren		den		
das	den	deren		dessen	denen	dem		
dem			das	die	den			dessen
			denen	dem	die		wer	deren
		wer	deren	den		die	dessen	das
				wer			dem	den
wer	dessen	dem	die		deren	das	den	der
den		das		der		dessen	deren	die
deren	der	die	den			wer	denen	

b Ergänzen Sie Pronomen und Relativpronomen aus 7a.

Gewalt, Ausgrenzung und Mobbing sind Themen, (1) ________ unsere Gesellschaft immer wieder bewegen. Und es sind besonders Jugendliche, (2) ________ eine hohe Gewaltbereitschaft zeigen. Aggressivität und Gewalt ist etwas, zu (3) ________ wir alle fähig sind. Aber Gewalt unter Kindern und Jugendlichen ist ein Phänomen, (4) mit ________ sich eine Gesellschaft, (5) ________ sich als Wohlstandsgesellschaft bezeichnet, ernsthaft auseinandersetzen muss. Besonders gefährdet seien Jugendliche, (6) in ________ Familien Gewalt an der Tagesordnung ist, sagen die Experten. (7) ________ also als Kind Gewalt erfahren hat, wird später oft selbst zum Täter. Weitere Faktoren sind Familien, in (8) ________ nicht über Gefühle gesprochen wird. Man sollte Kindern, (9) ________ aggressives Verhalten schon früh auffällig wird, andere Handlungsstrategien beibringen, mit (10) ________ sie mögliche Konflikte lösen können. Und kostenlose Sportangebote, wie Box-Ringe, bei (11) ________ die Kids mal richtig Fäuste zeigen können, seien Initiativen, (12) ________ unterstützt werden müssten.

8a Das Relativpronomen *wer*. Kreuzen Sie an.

1. Worauf bezieht sich das *wer* als Relativpronomen? Auf [a] Personen oder auf [b] Sachen?
2. Der Relativsatz mit *wer* steht meistens [a] vor dem Hauptsatz oder [b] nach dem Hauptsatz?
3. Bei *wer* wird nach [a] Genus und Numerus oder [b] nur nach Kasus unterschieden?
4. Womit wird nach einem Relativsatz mit *wer* der Hauptsatz eingeleitet? Mit einem ________.

b Wer als Kind in der eigenen Familie Gewalt erfuhr, der neigt später selbst zu Gewalttätigkeit. Schreiben Sie Relativsätze mit *wer*.

1. täglich Nachrichten über Jugendgewalt hören – wirklich schockiert sein können
2. nicht das Problem erkennen – irgendwann ein noch größeres Problem haben
3. einmal Opfer gewesen sein – später oft zum Täter werden
4. nie über Gefühle sprechen – nicht lernen, mit ihnen umzugehen
5. keinen Zugang zu Bildungsmöglichkeiten haben – leichter in die Gewalttätigkeit abrutschen
6. einmal in die Gewaltspirale hineinrutschen – schnell in der Kriminalität landen

1. Wer täglich Nachrichten über Jugendgewalt hört, (der) kann wirklich schockiert sein.

c Ergänzen Sie in den Sätzen die richtige Form von *wer* und *der*. Tipp: Das Demonstrativpronomen *der* hat dieselben Formen wie das Relativpronomen *der*.

1. _*Wer*_ schon einmal mit Jugendlichen zu tun hatte, _*der*_ weiß, wie wichtig Respekt ist.
2. ______ Jugendliche respektieren, ______ hören sie viel eher zu.
3. ______ die Gruppe unterstützt, ______ wird stabiler.
4. ______ man einen Ausbildungsplatz vermittelt, ______ gibt man Hoffnung auf die Zukunft.
5. ______ glaubt, man könnte schwierigen Jugendlichen mit Strafen helfen, ______ irrt sich.

Modul 3 **9a Nomen-Verb-Verbindungen. Ordnen Sie in der Tabelle den Verben die entsprechenden Nomen zu. Manchmal gibt es mehrere Möglichkeiten.**

~~Abschied~~ Anteil in Anspruch einen Antrag zur Anwendung zum Ausdruck in Betracht unter Beweis Bezug Eindruck zu Ende zu dem Entschluss in Frage sich Gedanken in Kauf zur Kenntnis Rücksicht Schluss in Schutz sich Sorgen zur Sprache

bringen	kommen	machen	nehmen	stellen
			Abschied	

b Welche Nomen-Verb-Verbindungen aus 9a fordern ein Präpositionalobjekt? Ergänzen Sie.

1. ______ 4. ______ 7. ______
2. ______ 5. ______ 8. ______
3. ______ 6. ______ 9. ______

c Welchen Nomen-Verb-Verbindungen aus 9a entsprechen diese Verben?

1. ansprechen ______
2. ausdrücken ______
3. beantragen ______
4. beeindrucken ______
5. beenden ______
6. beschließen ______
7. beschützen ______
8. etwas beweisen ______

d Ordnen Sie die folgenden Ausdrücke den entsprechenden Nomen-Verb-Verbindugen zu.

1. _*d*_ ansprechen
2. ____ vorhanden sein
3. ____ besorgt sein
4. ____ überlegen
5. ____ akzeptabel sein
6. ____ angeboten werden
7. ____ relevant sein
8. ____ riskieren
9. ____ etwas bemerken

a zur Verfügung stehen
b in Betracht ziehen
c aufs Spiel setzen
d zur Sprache bringen
e eine Rolle spielen
f sich Sorgen machen
g zur Auswahl stehen
h zur Kenntnis nehmen
i in Frage kommen

10a Digitale Demenz. Welches Verb passt: *bringen, kommen, machen, nehmen* oder *stellen*?

Viele Eltern (1) __________ sich Sorgen, weil digitale Medien immer stärkeren Einfluss auf die Welt ihrer Kinder (2) __________. Auch Pädagogen und Gehirnforscher (3) __________ ihre Sorge über die Zunahme der Computerspielsucht bei Kindern zum Ausdruck und plädieren dafür, dieses Problem ernsthaft zur Sprache zu (4) __________. Sie (5) __________ vor allem Online-Rollenspiele in Frage und auch vor exzessiven Computerspielzeiten müsse man sich in Acht (6) __________. Diese Spiele (7) __________ unsere Kinder ernsthaft in Gefahr, sagt der Gehirnforscher Manfred Spitzer; der dieses Thema in seinem Buch „Digitale Demenz" zur Diskussion (8) __________. Bei kritischen Lesern allerdings wird das Buch kein großes Interesse wecken, denn, wie seine Gegner zum Ausdruck (9) __________, sei es zu populistisch.

b Welches Nomen passt. Kreuzen Sie an.

Dass ein kompetenter Umgang mit digitalen Medien erlernt werden muss, steht außer (1) [a] Betracht [b] Debatte [c] Zweifel, sagen auch diejenigen, die an Spitzers Buch (2) [a] Angriff [b] Fragen [c] Kritik üben. Man könne allerdings nicht grundsätzlich das mediengestützte Lernen in (3) [a] Betracht [b] Frage [c] Zusammenhang stellen, sondern man müsse sich einfach (4) [a] Auftrag [b] Erlaubnis [c] Mühe geben, diese Medien sinnvoll einzusetzen. Wenn Medien im Unterricht zur adäquaten (5) [a] Anwendung [b] Diskussion [c] Kenntnis kommen, dann kann das durchaus einen positiven (6) [a] Druck [b] Eindruck [c] Einfluss auf das Lernen nehmen. Denn natürlich ist es undenkbar, dass wir jemals wieder vom Computer (7) [a] Abschied [b] Anteil [c] Rücksicht nehmen. Und immerhin muss man zur (8) [a] Einsicht [b] Kenntnis [c] Stellung nehmen, dass, laut einer Studie, die das Bundesministerium für Familie, Senioren, Frauen und Jugend in (9) [a] Antwort [b] Auftrag [c] Einwilligung gegeben hat, die meisten Kinder nach wie vor gerne Freunde treffen.

11 Macarena, die Bloggerin, erzählt. Schreiben Sie den Text um, indem Sie die unterstrichenen Verben durch Nomen-Verb-Verbindungen ersetzen.

Abschied nehmen – in Auftrag geben – ~~etwas zum Ausdruck bringen~~ – Beachtung finden – Eindruck machen auf – eine Entscheidung treffen – einen Entschluss fassen – in Erwägung ziehen – sich Gedanken machen über – Interesse zeigen an – in Kauf nehmen – in der Lage sein – Ruhe bewahren – Zweifel haben an

Ich habe ja schon mehrfach (1) <u>gesagt</u>, wie schwer es mir gefallen ist, mich von meiner Heimat zu (2) <u>verabschieden</u>, und dass ich anfangs von meiner neuen Familie (3) <u>nicht beachtet wurde</u>. Deshalb habe ich mich ziemlich schnell (4) <u>entschlossen</u>, selbst über meine Zukunft (5) <u>nachzudenken</u>. Und ich habe (6) <u>entschieden</u>, einen Blog zu schreiben. Ich wollte einfach und zeigen, dass ich (7) <u>fähig war</u>, etwas Eigenes anzufangen. Natürlich habe ich über ein konkretes Thema für den Blog (8) <u>nachgedacht</u>. Erst habe ich (9) <u>überlegt</u>, ein Hauptthema zu wählen. Aber irgendwie (10) <u>zweifelte</u> ich an der Idee, denn schließlich hat mich niemand mit dem Blog (11) <u>beauftragt</u>. Mittlerweile (12) <u>finden</u> viele Menschen den Blog <u>interessant</u>, was mich wirklich tief (13) <u>beeindruckt</u>. Manche Kommentare machen mich natürlich wütend. Aber das muss ich wohl (14) <u>akzeptieren</u>. Und mittlerweile (15) <u>bleibe</u> ich ganz <u>ruhig</u> bei abwertenden oder unverschämten Kommentaren.

Ich habe ja schon mehrfach <u>zum Ausdruck gebracht</u>, wie schwer es mir gefallen ist, …

Wortschatz-Hitparade

Nomen

die Anerkennung *Sg.* ____________
die Armut *Sg.* ____________
die Auffassung, -en ____________
die Ausgrenzung, -en ____________
die Beachtung *Sg.* ____________
der Beschützer, – ____________
der Bildungsstand *Sg.* ____________
der Box-Ring, -e ____________
die Diskriminierung, -en ____________
der Einfluss, ″-e ____________
die Einwilligung, -en ____________
die Freiwilligenarbeit *Sg.* ____________
die Gefahr, -en ____________
der Gehirnforscher, – ____________
die Gewaltbereitschaft *Sg.* ____________
die Gewaltspirale, -n ____________
das Misstrauen *Sg.* ____________
die Notlage, -n ____________
das Opfer, – ____________
die Rollenverteilung *Sg.* ____________
die Stufe, -n ____________
das Sportangebot, -e ____________
die Tagesordnung *meist Sg.* ____________
der Täter, – ____________
der Überfluss *Sg.* ____________
der Umgang *Sg.* ____________
die Wohlstands-
gesellschaft, -en ____________
der Zusammenhang, ″-e ____________

Verben

abrutschen ____________
ausbauen ____________
auseinandersetzen ____________
beantragen ____________
beeinflussen ____________
besitzen ____________
bewältigen ____________
erfreuen ____________
erlernen ____________
ermutigen (zu) ____________
fördern ____________
gründen ____________
plädieren ____________
regieren ____________
stärken ____________
unterstützen ____________
vermitteln ____________
vertreiben ____________

Adjektive

auffällig ____________
bedürftig ____________
ebenbürtig ____________
eindeutig ____________
einkommensschwach ____________
ernsthaft ____________
finanzkräftig ____________
gefährdet ____________
konsumsüchtig ____________
mediengestützt ____________
populistisch ____________
sinnvoll ____________
sozial ____________
wohlhabend ____________

Andere Wörter

ebenfalls ____________
genauso ____________

12 **Wörter in Wortfeldern lernen. Ergänzen Sie zu den Themen passende Wörter aus der Wortschatz-Hitparade.**

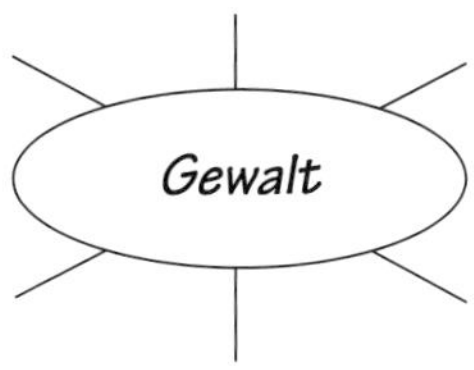

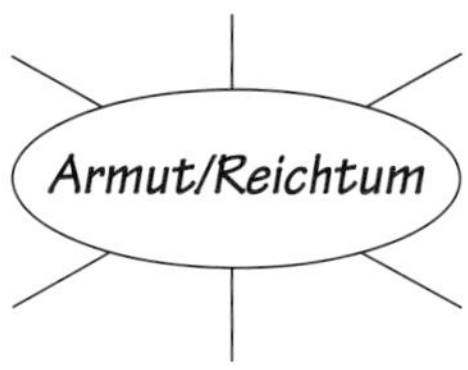

13 **Welches Wort passt nicht in die Reihe? Streichen Sie durch.**

1. die Ausgrenzung – keine Beachtung finden – der Beschützer – die Diskriminierung – das Misstrauen
2. ermutigen – fördern – stärken – unterstützen – vertreiben
3. arm – bedürftig – einkommensschwach – gefährdet – sozial
4. besitzen – bedürftig – finanzkräftig – der Überfluss – die Wohlstandsgesellschaft
5. auffällig – abrutschen – gefährdet – die Einwilligung – die Notlage
6. der Bildungsstand – erlernen – fördern – fraglich – sinnvoll

14 **Wichtige Ausdrücke und Sätze. Schreiben Sie in Ihrer Sprache.**

Bitte nehmen Sie zur Kenntnis, dass … ______

Hiermit möchte ich zum Ausdruck bringen, … ______

Dafür übernehmen Sie die Verantwortung. ______

Das muss man wohl in Kauf nehmen. ______

Das möchte ich ernsthaft in Frage stellen. ______

Tut mir leid, das ist mir gar nicht aufgefallen. ______

15 **Wörter und Sätze, die Sie wichtig finden:**

Deutsch:	Ihre Sprache:

16 **Mein Text. Schreiben Sie einen respektvollen Brief an die Regierung Ihres Landes, in dem Sie darstellen, welche Veränderungen Sie sich in Ihrem Land für die kommenden Jahre wünschen. Versuchen Sie dabei, wenn möglich, auch Verb-Nomen-Verbindungen zu benutzen.**

Wer Wissen schafft, macht Wissenschaft

Auftakt **1a Welche Wissenschaften gibt es nicht? Streichen Sie durch.**

a Human- ~~b Dezimal-~~ c Frontal- d Geistes- e Ingenieur-

f Natur- **-wissenschaft** g Roll- h Rechts-

i Schiffs- j Sozial- k Wahl- l Wirtschafts-

b Zu welchen Wissenschaften gehören diese Disziplinen? Notieren Sie.

1. _f_ Biologie
2. ____ Chemie
3. ____ Elektrotechnik
4. ____ Ethnologie
5. ____ Geschichte
6. ____ Informatik
7. ____ Medizin
8. ____ Psychologie
9. ____ Soziologie
10. ____ Physik
11. ____ Sprachwissenschaft
12. ____ Volkswirtschaft

c In welcher Wissenschaft haben folgende Wissenschaftler einen Nobelpreis bekommen? Recherchieren Sie.

1. ____ Otto Hahn
2. ____ Albert Einstein
3. ____ Robert Koch
4. ____ Max Planck
5. ____ Georg Wittig
6. ____ Christiane Nüsslein-Volhard
7. ____ Werner Heisenberg
8. ____ Stefan Hell

2 Welches Wort passt nicht? Streichen Sie durch.

1. eine Formel — aufstellen – anwenden – ~~beobachten~~
2. Forschung — betreiben – erkennen – voranbringen
3. eine Methode — machen – anwenden – analysieren
4. das Verhalten von Tieren — beobachten – berechnen – erforschen
5. eine Theorie — aufstellen – formulieren – erscheinen
6. ein Experiment — annehmen – durchführen – machen
7. den Nobelpreis — bekommen – erhalten – erkennen
8. Wissen — erlangen – erweitern – vornehmen

3 Rund um die Wissenschaft. Ergänzen Sie das Rätsel und finden Sie das Lösungswort.

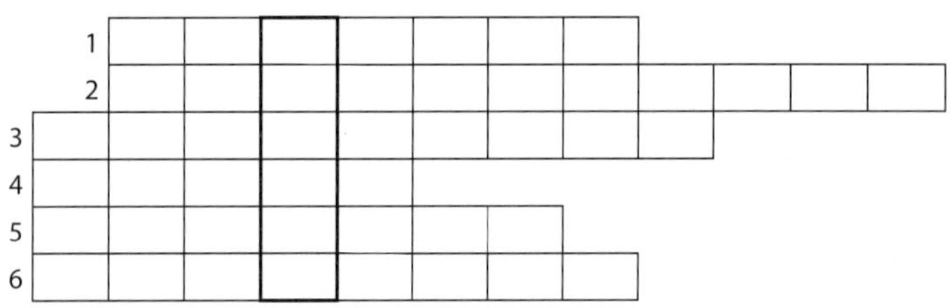

1. eine repräsentative Befragung von Personen
2. die zielgerichtete Wahrnehmung von Phänomenen oder Vorgängen
3. ein Gerät, mit dem man Objekte vergrößern kann
4. die kleinsten Teilchen der Elemente
5. ein kleines Glasröhrchen zum Dosieren von Flüssigkeiten
6. die Wissenschaft der Lebewesen

Senkrecht: Folge von Buchstaben, Zahlen etc. zur Bezeichnung eines Sachverhalts

Modul 1 **4 Kinder und Wissenschaft. Ergänzen Sie den Text.**

Anleitung	Experimente	Fähigkeiten	Forschungseinrichtungen	Interesse	Labor
Laborkittel	Nachwuchs	~~Naturwissenschaften~~	Scheu	Versuche	Vorlesungen

Das Anliegen von „NatLab" ist es, bei Kindern Interesse an den (1) *Naturwissenschaften* zu wecken und dadurch ihre (2) ____________ vor diesen als schwierig geltenden Fächern abzubauen. Hier können Kinder in einem (3) ____________ arbeiten, in dem sonst Forscher ihre (4) ____________ durchführen. Begeistert ziehen sie sich ihre weißen (5) ____________ an und dann machen sie – natürlich unter fachkundiger (6) ____________ – selbst eigene kleine (7) ____________. Außerdem können sie auch (8) ____________ an der KinderUni besuchen. So erwerben die Kinder schon früh mathematische und analytische (9) ____________. „NatLab" dient dazu, den (10) ____________ in Deutschland den dringend benötigten (11) ____________ an qualifizierten Wissenschaftlern – und vor allem auch Wissenschaftlerinnen – zu sichern. Es entstand aus der Einsicht, dass das (12) ____________ an Naturwissenschaften aktiv gefördert werden muss.

Modul 2 **5 Wahrheit oder Lüge? Was gehört zu a) die Wahrheit sagen und was zu b) lügen? Markieren Sie.**

1. ____ die Ausrede
2. ____ sich bekennen zu
3. ____ jemanden betrügen
4. ____ ehrlich sein
5. ____ etwas erfinden
6. ____ etwas gestehen
7. ____ glaubwürdig sein
8. ____ etwas verdrehen
9. ____ etwas verschweigen
10. ____ jemandem etwas vormachen
11. ____ schwindeln
12. ____ jemanden täuschen

Modul 3 **6 Kein Mensch auf dieser Erde. Welche Formulierungen bedeuten Ähnliches? Ordnen Sie zu.**

1. *d* Von einem Tag auf den anderen ist der Mensch von der Erde verschwunden.
2. ____ Alan Weisman gibt einen Einblick in die Vision, was eine Zukunft ohne Menschen für die Erde bedeutet.
3. ____ Einige Hinterlassenschaften würden Jahrmillionen überdauern.
4. ____ Es gibt auch eine tröstliche Botschaft.

a Ein amerikanischer Wissenschaftsjournalist erklärt uns die Vorstellung, wie der blaue Planet ohne uns aussehen würde.
b Das Buch enthält auch eine beruhigende Nachricht.
c Mehrere Spuren der Menschen wären auch nach extrem langer Zeit noch vorhanden.
d Auf einmal leben auf unserem Planeten nur noch Pflanzen und Tiere.

Modul 4 **7 Rund um den Schlaf. Schreiben Sie die Wörter richtig.**

1. IGSTUNGSKEITFÄHLEI ____________
2. TAGSSCHLAFMITT ____________
3. CHENERNICK ____________
4. MANSCHLAFGEL ____________
5. RUZEITHE ____________
6. SEHHOSACFRFCLR ____________

Redemittel

Modul 4 **8 Ein Leserbrief. Was ist richtig? Kreuzen Sie die passenden Redemittel an.**

Sehr geehrte Damen und Herren,

mit (1) [a] sehr [x] großem Interesse habe ich Ihren Artikel zum Thema „Wann sollte morgens der Unterricht beginnen? " gelesen. Ich finde, mit diesem Artikel sprechen Sie ein sehr wichtiges Thema (2) [a] an [b] durch.
Ich (3) [a] betrete [b] vertrete den Standpunkt, dass ein Beginn des Unterrichts vor neun Uhr nicht sinnvoll ist. Aus meiner (4) [a] Ansicht [b] Erfahrung heraus kann ich nur (5) [a] sagen [b] zeigen, dass vor allem Jugendliche vor dieser Zeit überhaupt nicht aufnahmefähig sind.
Ein gutes Beispiel (6) [a] dafür [b] damit ist meine fünfzehnjährige Schwester. (7) [a] Aber [b] Zwar beginnt die Schule in Chile auch um acht Uhr, (8) [a] zwar [b] aber sie steht morgens genauso ungern auf wie die Jugendlichen hierzulande. (9) [a] Andererseits [b] Einerseits sagen viele hier, dass Morgenstund Gold im Mund hat, (10) [a] andererseits [b] einerseits haben meine eigenen (11) [a] Erfahrungen [b] Standpunkte mir gezeigt, dass Jugendliche am späten Vormittag besser lernen können. Zusammenfassend (12) [a] lässt [b] möchte sich sagen, dass es sowohl für die Jugendlichen als auch für die Erwachsenen besser ist, morgens länger zu schlafen.

Mit freundlichen Grüßen
Macarena Molina-Geiger

9a „Ich schlage vor …" Welche Redemittel passen zu a) Vorschläge machen, b) Vorschläge annehmen, c) Vorschläge ablehnen oder d) sich einigen? Ordnen Sie zu.

1. ____ Wie wäre es mit einem Kompromiss …?
2. ____ Ich denke, das könnte man umsetzen.
3. ____ Das lässt sich nicht realisieren.
4. ____ Wären Sie damit einverstanden, wenn …
5. ____ Könnten Sie sich vorstellen, dass …
6. ____ Wie wäre es, wenn wir …
7. ____ Das hört sich gut an.
8. ____ Wie soll das funktionieren?

b Eine Lösung aushandeln. Welche Redemittel passen eher in formellen Situationen? Kreuzen Sie an.

1. einen Vorschlag machen:
[a] Könnten Sie sich vorstellen, dass …
[b] Komm, wir machen das einfach so: …

2. einen Gegenvorschlag machen:
[a] Okay, aber wie wär's, wenn wir es anders machen. Und zwar …
[b] Das ist sicherlich keine schlechte Idee, aber könnte man nicht …?

3. einem Vorschlag zustimmen:
[a] Das ist eine super Idee!
[b] Ich kann diesem Vorschlag nur zustimmen.

4. einen Vorschlag ablehnen:
[a] Ich halte diesen Vorschlag für nicht durchführbar.
[b] So geht das auf keinen Fall!

5. zu einer Entscheidung kommen:
[a] Wie wär's mit einem Kompromiss: …
[b] Lassen Sie uns Folgendes vereinbaren: …

c Entscheiden Sie sich für eine formelle oder informelle Situation und schreiben Sie mit den Redemitteln Sätze zum Thema „Mittagsschlaf im Büro".

(Situation: formell) 1. Könnten Sie sich vorstellen, dass alle nach dem Mittagessen eine halbe Stunde lang das Telefon abschalten?

Modul 1

10a Passiv Präsens. Formulieren Sie die Sätze im Passiv.

1. Kinder (motivieren), sich mit den Naturwissenschaften zu beschäftigen.
2. Forschernachwuchs (suchen) dringend.
3. Nachwuchsförderung (betrachten) als überlebenswichtig.
4. Analytische Fähigkeiten (ausbilden) schon im Kindesalter.
5. In den Labors (anleiten) die Versuche von den Mitarbeitern.
6. Das Angebot (annehmen) von den Schulen sehr gut.

1. Kinder werden motiviert, sich mit den Naturwissenschaften zu beschäftigen.

b Passiv Präteritum. Formen Sie in Passivsätze um.

1. Man lud die bekannte Wissenschaftlerin zu einem Vortrag ein.
2. Man kündigte ihren Vortrag auf der Homepage des Instituts an.
3. Man diskutierte die Thesen der Referentin sehr intensiv.
4. Man stellte die Referentin anschließend den Kollegen vor.
5. Man publizierte ihren Vortrag in einer Fachzeitschrift.

1. Die bekannte Wissenschaftlerin wurde zu einem Vortrag eingeladen.

11a „Jugend forscht". Bilden Sie Passivsätze. Achten Sie auf die Zeitform.

1. 1965 rief man die Initiative „Jugend forscht", den größten europäischen Jugendwettbewerb für Naturwissenschaften und Technik, ins Leben.

   1965 wurde die Initiative „Jugend forscht", der größte europäische Jugendwettbewerb für Naturwissenschaften und Technik, ins Leben gerufen.

2. Man veranstaltet den Wettbewerb sowohl auf regionaler als auch auf Bundesebene.

   ____

3. 2012 verlieh „Jugend forscht" Laura Mähler den ersten Preis für Mathematik/Informatik.

   ____

4. Man hat sie für ihr Projekt „Die Mathematik der Spidercam" ausgezeichnet.

   ____

5. Besonders ihr Mathematiklehrer hat Lauras Interesse an Mathematik immer unterstützt.

   ____

6. Durch „Jugend forscht" kann man Jugendliche schon früh mit den Methoden wissenschaftlichen Arbeitens vertraut machen.

   ____

   ____

b Schreiben Sie die Passivformen aus 11a in die Tabelle.

Präsens	
Präteritum	
Perfekt	
mit Modalverb	

12a Das ist machbar! Durch welche anderen Formen kann Passiv mit können ersetzt werden?

1. ______________ 2. ______________ 3. ______________ 4. ______________

Passiv mit *müssen*, *sollen* und *nicht dürfen* kann nur durch (5) ______________ ersetzt werden.

b „Mint:Pink". Formen Sie die Passivsätze mit Passiversatzformen um. Manchmal gibt es mehrere Möglichkeiten.

1. Speziell bei Mädchen soll das Interesse an Naturwissenschaften geweckt werden.
____
2. Denn Naturwissenschaften und Technik dürfen nicht nur den Jungen überlassen werden.
____
3. Durch das Hamburger Projekt „Mint:Pink" kann die stärkere Förderung der Mädchen in Naturwissenschaft und Technik umgesetzt werden.
____
4. Mit dem Wort MINT können die Berufe im Bereich von Mathematik, Informatik, Natur- und Ingenieurwissenschaft und Technik abgekürzt werden.
____
5. Wir müssen den Frauenanteil in MINT-Berufen unbedingt fördern, sagen die Leiter des Projekts.
____
6. Denn auf Frauen in MINT-Berufen kann in der Zukunft nicht verzichtet werden, sagen sie.
____

Modul 3 **13a *Irgendwann* und *irgendwo*. Übernehmen Sie die Tabelle in Ihr Heft und ordnen Sie die Indefinitpronomen ein.**

\+ alle einer eins etwas irgendwann irgendwas irgendwer ~~irgendwo~~ irgendwoher irgendwohin jemand man

\- keiner keins nichts nie niemals niemand ~~nirgendwo~~ nirgendwoher nirgendwohin nirgends

	Person	Ort	Zeit	Dinge
+		*irgendwo, …*		
–		*nirgendwo, …*		

b Gentechnikfreie Landwirtschaft. Sagen Sie es allgemeiner. Formen Sie die Sätze um und ersetzen Sie dabei die unterstrichenen Ausdrücke durch Indefinitpronomen.

1. <u>Die Gruppe „Gentechnikfreie Landwirtschaft"</u> plant eine Aktion.
2. Sie will sich am Samstag <u>vor dem Rathaus</u> treffen.
3. Die Aktion muss <u>bald</u> geplant werden.
4. Es gibt immer <u>Personen</u>, die sich engagieren wollen.
5. Sie möchten bald <u>eine Demonstration</u> organisieren.
6. Sonst ändern sich die unfairen Bedingungen für Bio-Landwirte <u>in Zukunft</u> nicht.

1. Irgendjemand/Irgendwer/Jemand/Man plant eine Aktion.

c Die Zukunft des Essens. Bio-Bauer Frank berichtet. Welches Indefinitpronomen passt? Kreuzen Sie an.

_(1)_ *entwerfen Zukunftsszenarien, die* _(2)_ *wirklich belasten können.* _(3)_ *in nicht allzu ferner Zukunft wird* _(4)_ *Veganer sein. Zukunft? Haben wir Bauern tatsächlich* _(5)_ *? Doch, ich habe* _(6)_ *! Das habe ich* _(7)_ *vor längerer Zeit beschlossen und deshalb auf Bio-Landwirtschaft umgestellt. Denn* _(8)_ *muss der Mensch doch essen, habe ich mir gesagt, und* _(9)_ *will nur noch synthetische Lebensmittel essen müssen. Die vielen Lebensmittelskandale zeigen* _(10)_ *, dass die Herstellung in kleinen und ökologischen Betrieben besser ist als Massenproduktion. Ob ich die Tierhaltung* _(11)_ *aufgebe? Vielleicht mache ich* _(12)_ *mehr für die Fleischproduktion, aber auf jeden Fall eine für Käse.* _(13)_ *weiß wirklich, wie der Trend weitergeht, aber Tatsache ist, dass sich fast* _(14)_ *heutzutage bewusster ernährt und nicht will, dass sein Lebensmittel* _(15)_ *kommt, wo es keine Kontrollen gibt.* _(16)_ *muss den Verbraucher heute sehr ernst nehmen, und wenn den Verbrauchern* _(17)_ *immer wichtiger wird, dann sind das regionale und saisonale Produkte.* _(18)_ *hat mir anfangs geglaubt, dass deshalb die Direktvermarktung eine gute Idee ist.*

1. [a] Alle [b] Jeder [c] Niemand
2. [a] eine [b] einem [c] einen
3. [a] Irgendwas [b] Irgendwann [c] Irgendwer
4. [a] alle [b] einer [c] jeder
5. [a] keine [b] keinen [c] keins
6. [a] eine [b] einer [c] eins
7. [a] irgendwann [b] irgendwas [c] irgendwer
8. [a] eins [b] irgendwas [c] keins
9. [a] nie [b] niemals [c] niemand
10. [a] jede [b] jedem [c] jeder
11. [a] irgendwann [b] irgendwem [c] irgendwo
12. [a] eine [b] keine [c] keins
13. [a] Irgendwer [b] Jemand [c] Niemand
14. [a] einer [b] jeder [c] keiner
15. [a] irgendwas [b] irgendwo [c] irgendwoher
16. [a] Eine [b] Einer [c] Man
17. [a] alles [b] etwas [c] keins
18. [a] Eins [b] Keiner [c] Keins

14 Die Physik der Zukunft. Ergänzen Sie die Indefinitpronomen aus 13a in der richtigen Form.

Nein, die Welt wird (1) ____________ untergehen, aber (2) ____________ wird sie sich dramatisch verändern, sagt der Physiker Michio Kaku in seinem Buch „Die Physik der Zukunft". (3) ____________ sehen die Zukunft schwarz und wittern von (4) ____________ Gefahren, weil das menschliche Gehirn so funktioniert, sagt er. Dabei bietet uns die Technik die Möglichkeit, den Lebensstandard eines (5) ____________ auf dieser Erde zu erhöhen. Aber werden die Ernährungsprobleme nicht (6) ____________ so groß sein, dass (7) ____________ mehr genug zu essen hat? Die Lösung seien vertikale Farmen, sagen Experten, an denen (8) ____________ auf dieser Welt auch schon gearbeitet wird. Die Medizin macht gigantische Fortschritte, aber Krankheiten werden wohl (9) ____________ vollkommen ausgerottet werden können. Ob wohl (10) ____________ es (11) ____________ schafft, das für den Schnupfen verantwortliche Rhinovirus zu besiegen? Und was ist, wenn (12) ____________ unsere Energiequellen zu Ende gehen? (13) ____________ müssen wir die Energie doch nehmen. Ja, (14) ____________ am Himmel und in den Sternen versteckt sich die Energie der Zukunft, sagt Kaku. Aber hat sich (15) ____________ schon einmal überlegt, wie die Zukunft aussieht, wenn Computer und Roboter intelligenter sind als Menschen?

Wortschatz-Hitparade

Nomen

die Aktion, -en	______
die Bedingung, -en	______
die Befragung, -en	______
die Botschaft, -en	______
die Direktvermarktung, -en	______
die Einsicht, -en	______
das Experiment, -e	______
die Förderung, -en	______
die Formel, -n	______
die Forschung *Sg.*	______
die Hinterlassenschaft, -en	______
die Initiative, -n	______
der Kompromiss, -e	______
das Labor, -s / -e	______
der Lebensmittelskandal, -e	______
der Lebensstandard, -s	______
das Lebewesen, –	______
die Leistungsfähigkeit *Sg.*	______
die Nachfrage *Sg.*	______
der Nachwuchs *Sg.*	______
die Naturwissenschaft, -en	______
der Nobelpreis, -e	______
die Scheu *Sg.*	______
der Schlafmangel *Sg.*	______
der Schnupfen, –	______
die Tierhaltung, -en	______
das Verhalten *Sg.*	______
die Vision, -en	______
die Volkswirtschaft, -en	______
die Vorstellung, -en	______
der Vortrag, ″-e	______
die Wahrheit *Sg.*	______
die Wahrnehmung, -en	______
der Wettbewerb, -e	______

Verben

(etwas) absehen	______
annehmen	______
aufstellen	______
ausrotten	______
belasten	______
beobachten	______
durchführen	______
entstehen	______
erfinden	______
erforschen	______
erledigen	______
gestehen	______
lügen	______
schwindeln	______
täuschen	______
überdauern	______
überlassen	______
verstecken	______
verzichten	______
wittern	______

Adjektive

analytisch	______
aufnahmefähig	______
beruhigend	______
glaubwürdig	______
saisonal	______
synthetisch	______
tröstlich	______
zielgerichtet	______

Andere Wörter

aufgrund	______
sonst	______

15 Wörter in Wortfamilien lernen. Ergänzen Sie die Tabelle mithilfe der Hitparade.

	Nomen	Verb	Adjektiv
1.	die Analyse	analysieren	
2.	die Belastung		belastbar
3.	die Beruhigung	beruhigen	
4.		experimentieren	experimentell
5.		fördern	förderlich
6.	der Trost	trösten	

16 Welches Wort passt nicht in die Reihe? Streichen Sie durch.

1. die Forschung – die Hinterlassenschaft – das Labor
2. die Direktvermarktung – die Nachfrage – die Wahrheit
3. die Einsicht – die Formel – der Kompromiss
4. erforschen – experimentieren – verstecken
5. durchführen – lügen – schwindeln
6. beruhigend – tröstlich – zielgerichtet
7. die Aktion – die Initiative – die Scheu

17 Wichtige Ausdrücke und Sätze. Schreiben Sie in Ihrer Sprache.

Mein Anliegen ist es, … ________________

Ich bekenne mich dazu, … ________________

Könnten Sie sich vorstellen, dass … ________________

Lassen Sie uns Folgendes vereinbaren: … ________________

Ich vertrete den Standpunkt, dass … ________________

Wären Sie damit einverstanden, wenn … ________________

Es ist nicht absehbar, ob … ________________

So geht das auf keinen Fall! ________________

Das hört sich gut an. ________________

18 Wörter und Sätze, die Sie wichtig finden:

Deutsch:

Ihre Sprache:

19 Mein Text. Schreiben Sie einen Leserbrief zu einem der beiden folgenden Themen: „Warum kann Lügen in bestimmten Situationen sinnvoll sein?" oder „Werden wir in Zukunft alle Veganer sein?"

Fit für ...

Auftakt **1** **Ein gesunder Geist in einem gesunden Körper. Was ist gut für das Gehirn, was ist gut für den Körper und was ist gut für beides? Ergänzen Sie die Mindmap.**

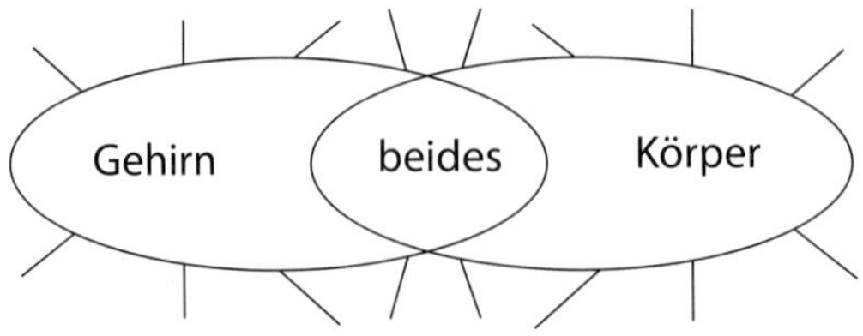

2a Sport treiben und sich gesund ernähren. Welcher Oberbegriff passt? Setzen Sie den passenden Begriff ein.

Ausdauer	Erholung	Ernährung	Gedächtnis	Neugierde	Sport	Wellness

1. ______________ Ballaststoffe – Energiebedarf – Joghurt – Kalorien – Kohlehydrate
2. ______________ Aromatherapie – Aryuveda – Dampfbad – Shiatsu – Yoga
3. ______________ aufgeschlossen sein – etwas ausprobieren – interessiert sein – etwas versuchen
4. ______________ abschalten – sich ausruhen – sich entspannen – schlafen
5. ______________ fit sein – in Form bleiben – joggen – trainieren – wetteifern
6. ______________ etwas behalten – sich erinnern – sich etwas merken – sich etwas einprägen
7. ______________ nicht aufgeben – alles geben – sich anstrengen – durchhalten

b Aktiv oder passiv. Wie heißt das Gegenteil? Ordnen Sie zu.

1. _e_ aktiv sein	a etwas vergessen
2. ___ sich etwas einprägen	b keine Experimente machen
3. ___ hilfsbereit sein	c einrosten
4. ___ in Form bleiben	d eigennützig sein
5. ___ aufgeschlossen sein	e träge sein
6. ___ etwas ausprobieren	f introvertiert sein

c Fit für den Bauernhof. Macarena erzählt. Ergänzen Sie die passenden Wendungen aus 2b in der richtigen Form.

Auf einem Bauernhof hat man immer genug Bewegung, um (1) _in Form zu bleiben_. Obwohl ihre Schwiegereltern manchmal sagen: Sitz doch nicht immer nur vor dem Computer! (2) ______________ doch nicht so ______________! Sie (3) ______________ trotz ihres Alters auch auf dem Hof noch sehr ______________. Das hilft ihnen, nicht (4) ______________, sagen sie. Leider gehören sie zu den Menschen, die (5) ______________. Ich dagegen (6) ______________ immer gerne etwas Neues ______________. Aber ich muss sagen, meine Schwiegermutter (7) ______________ ist auch sehr ______________. Sie sagt mir immer wieder die Namen der Pflanzen auf Deutsch, denn die kann ich mir einfach nicht (8) ______________.

Modul 1 **3a Einkaufen: online oder nicht? Welche Begriffe gehören zu a) konventionell einkaufen oder zu b) einkaufen im Internet?**

1. ___ der Bankeinzug	6. ___ das Kundenkonto	11. ___ die Registrierkasse
2. ___ der Datenschutz	7. ___ das Kundengespräch	12. ___ die Überweisung
3. ___ die Geldbörse	8. ___ die Kontodaten	13. ___ das Versandhaus
4. ___ der Gemüsestand	9. ___ der Markttag	14. ___ die Versandkosten
5. ___ die Einkaufstasche	10. ___ das Passwort	15. ___ die Vorkasse

b Online bestellen. Nomen und Verben. Ein Verb passt nicht. Streichen Sie durch.

1. eine Bestellung	abwickeln – annehmen – beantragen – reklamieren
2. Lieferzeiten	abheben – angeben – einkalkulieren – in Kauf nehmen
3. ein Passwort	auswählen – eingeben – überweisen – vergessen
4. ein Produkt	bewerten – bestellen – unterbrechen – verkaufen
5. ein Paket	auspacken – erhalten – kopieren – zustellen
6. eine Rechnung	ausstellen – benötigen – bezahlen – installieren
7. Ware	belegen – beschädigen – liefern - verschicken
8. die Zahlungsart	angeben – aufheben – auswählen – bestätigen

Modul 2 **4 Am Telefon. Finden Sie im Silbenrätsel acht die passenden Verben.**

AB AUF DURCH ER GEN HIN HÖ LAS LE LEN LEN REN SEN STEL TEN TER WÄH WAR

1. einen Rückruf ____________
2. die Mailbox ____________
3. ein Gespräch ____________
4. eine Nachricht ____________
5. eine Nummer ____________
6. den Hörer ____________

5 Die lieben Kollegen. Finden Sie in der Wortschlange neun Wörter zum Thema „Arbeitsklima".

UMGANGSTONHÖFLICHKEITTEAMFÄHIGKEITHILFSBEREITSCHAFTKRITIKFÄHIGKEITZUSAMMENARBEIT

1. ____________
2. ____________
3. ____________
4. ____________
5. ____________
6. ____________

Modul 4 **6 Tipps für die Prüfung. Ordnen Sie zu.**

1. _f_ Machen Sie sich einen genauen Plan,
2. ___ Begrenzen Sie den zu lernenden Stoff, indem
3. ___ Schätzen Sie den nötigen Arbeitsaufwand für
4. ___ Denken Sie auch an Wiederholungsphasen, damit
5. ___ Gönnen Sie sich nach spätestens
6. ___ Lernen Sie kurz vor der Prüfung nichts Neues,
7. ___ Machen Sie sich klar, dass Ihr Leben auch
8. ___ Wer einmal durch eine Prüfung fällt,

a Ihr Lernpensum realistisch ab.
b ist noch lange kein Versager!
c weitergeht, wenn Sie durchfallen.
d Sie sich genau über die Prüfung informieren.
e eineinhalb Stunden Lernen eine Pause.
f damit Sie wissen, was Sie lernen müssen.
g sondern gönnen Sie sich eine Auszeit.
h das Gelernte sich festigen kann.

Modul 2 **7a Am Telefon. Bringen Sie die Aktivitäten in die richtige Reihenfolge.**

____ a kurze Zusammenfassung/Rückversicherung
____ b das Gespräch einleiten
____ c Fragen stellen / sich vergewissern / auf Fragen antworten
____ d das Gespräch beenden und sich verabschieden
_1_ e sich vorstellen und den Gesprächspartner begrüßen

b Ordnen Sie die Redemittel den Aktivitäten aus 7a zu.

1. _a_ Wir verbleiben also so: …
2. ____ Ich rufe an wegen …
3. ____ Auf Wiederhören!
4. ____ Könnten Sie das bitte wiederholen?
5. ____ Ich wollte auch noch fragen, …
6. ____ Gut, dann können wir festhalten …
7. ____ Ich melde mich dann noch mal.
8. ____ Normalerweise machen wir das so: …
9. ____ Vielen Dank für die Auskunft.
10. ____ Mich würde auch interessieren, …
11. ____ Habe ich Sie richtig verstanden: …
12. ____ Hallo, hier spricht …

Modul 4 **8a Ist das ein guter Vorschlag? Ergänzen Sie die Redemittel und ordnen Sie zu: Was gehört zu a) Vorschläge machen, b) widersprechen oder c) sich einigen.**

1. ____ Ich f _ _ _ e, wir sollten lieber …
2. ____ Ich würde v_ _ _ _ _ _ _ _ _ _n, dass …
3. ____ Gut, dann m _ _ _ _ n wir das so.
4. ____ Ich würde es b _ _ _ _ r finden, wenn …
5. ____ Ja, das k _ _ _ _ t gut.
6. ____ Ich könnte mir v _ _ _ _ _ _ _ _ n, dass …
7. ____ Ich hätte einen a _ _ _ _ _ n Vorschlag.
8. ____ Schön, dann e _ _ _ _ _ n wir uns also auf …
9. ____ Aus diesem G _ _ _ d schlage ich vor …
10. ____ W_ _ wäre es, wenn …

b Frank macht Vorschläge, um Macarenas bestandene Deutschprüfung zu feiern. Was glauben Sie, wie reagieren die Personen? Schreiben Sie Sätze mit den Redemitteln aus 8a?

Frank: Macarena hat ihre Deutschprüfung bestanden. Ich würde vorschlagen, das sollten wir feiern.
Macarena: ____________________
Frank: Mein Vorschlag ist, dass wir in ein richtig tolles Restaurant gehen.
Franks Mutter: ____________________
Franks Vater: ____________________
Frank: Wir haben viel Platz. Aus diesem Grund schlage ich vor, wir machen ein Fest in der Scheune.
Macarena: ____________________
Frank: Und was hältst du davon, wenn sich meine Mutter ums Essen kümmert?
Macarena: ____________________
Franks Mutter: ____________________
Franks Vater: ____________________
Frank: Gut, dann machen wir das so.

Modul 1

9a Stress auf dem Bio-Bauernhof. Welche der folgenden Sätze haben eine passivische Bedeutung? Kreuzen Sie an.

(1) ☐ „Übermorgen wird es bestimmt regnen, (2) ☐ deshalb wird morgen das Getreide gemäht", sagt Macarenas Schwiegermutter. (3) ☐ Das ist mir zu viel, denkt Macarena, (4) ☐ ich werde noch wahnsinnig. (5) ☐ Die Online-Bestellungen sind noch nicht bearbeitet (6) ☐ und außerdem ist das Abendessen noch nicht gemacht. (7) ☐ „Was ist mit dir los?", fragt ihre Schwiegermutter. (8) ☐ „Du wirst doch nicht aufgeben, oder? (9) ☐ Im Sommer wird hier eben so viel gearbeitet. (10) ☐ Im Winter werden wir mehr Freizeit haben. (11) ☐ Aber das meiste ist Gott sei Dank gemacht, (12) ☐ denn bald wird es Herbst."

b Was ist nicht richtig? Streichen Sie durch. Schreiben Sie dann den Satz im Präteritum.

1. „Das Getreide wird gemäht." Wichtig ist hier der Vorgang / der Zustand.	
2. „Das Abendessen ist gemacht." Wichtig ist hier der Vorgang / der Zustand.	

c Vor und nach Feierabend auf dem Bio-Bauernhof. Was wird alles gemacht? Und was ist dann alles erledigt? Schreiben Sie Sätze im Passiv mit *werden* und mit *sein*.

Vor Feierabend — Nach Feierabend

1. Jemand bearbeitet die Online-Bestellungen.
   Die Online-Bestellungen werden bearbeitet. — *Die Online-Bestellungen sind bearbeitet.*
2. Jemand stellt die Ware zusammen.
   ____________ — ____________
3. Jemand pflückt Bio-Äpfel für die Bestellung.
   ____________ — ____________
4. Jemand verpackt die Ware.
   ____________ — ____________
5. Jemand ruft den Paketservice an.
   ____________ — ____________
6. Jemand erntet Salat für das Abendessen.
   ____________ — ____________
7. Jemand füttert die Tiere.
   ____________ — ____________

10a Sätze aus dem Alltag: Vorgang oder Zustand? Ergänzen Sie die richtige Form von *werden* oder *sein*.

1. Der Tisch __________ schon für Sie reserviert.
2. Hier __________ auch sonn- und feiertags gearbeitet.
3. Hier __________ freitags immer Fisch gegessen.
4. Außerdem __________ hier mit Liebe gekocht.
5. Der nächste Urlaub auf Mallorca __________ auch schon gebucht.
6. __________ denn schon alles für die Reise vorbereitet?
7. __________ die Blumen schon gegossen?
8. Der Vertrag __________ auch schon längst unterschrieben.
9. Hier __________ gemacht, was ich sage.
10. Über dieses Thema __________ hier nicht gesprochen.

b Frank erzählt von seinem Bio-Onlineshop. Was ist richtig? Kreuzen Sie an.

1. Seit knapp einem Jahr __(1)__ unsere Webseite mit Onlineshop nun schon hochgeladen. Und die Sache mit dem Online-Versand __(2)__ wirklich erfolgreich gestartet. Gleich zu Anfang __(3)__ wir mit Bestellungen geradezu überschwemmt. Mit der Technik __(4)__ es anfangs natürlich ein paar Probleme gegeben. Aber die __(5)__ schnell beseitigt. Von wem all die Bestellungen bearbeitet __(6)__? Ja, da __(7)__ von uns allen voller Einsatz gefragt. Die Produkte __(8)__ nämlich immer frisch geerntet. Anfangs hatten wir Sorge, dass die sensilbe Bio-Ware beim Versand beschädigt __(9)__. Wie das mit der Bezahlung ist? Es __(10)__ sofort bei Bestellung bezahlt. Am Anfang __(11)__ wir von den Bauern der Umgebung beneidet. Aber da so viel bestellt __(12)__ und ich gar nicht alle Bestellungen beliefern __(13)__, habe ich ihnen vorgeschlagen, sie könnten zuliefern, wenn mehr Produkte gebraucht __(14)__. Und dann __(15)__ unsere Kooperative gegründet. Wichtig ist natürlich, dass alles gut organisiert __(16)__. Zudem __(17)__ demnächst ja noch andere Events auf unserem Hof angeboten. Ja, die __(18)__ auch schon auf unserer Webseite angeboten.

1. [a] hat [b] kann [c] ist
2. [a] ist [b] soll [c] werden
3. [a] ist [b] wird [c] wurden
4. [a] hat [b] ist [c] wird
5. [a] ist [b] war [c] waren
6. [a] können [b] sind [c] werden
7. [a] ist [b] macht [c] werden
8. [a] hat [b] werden [c] wird
9. [a] haben [b] sind [c] wird
10. [a] hat [b] ist [c] wird
11. [a] haben [b] werden [c] wurden
12. [a] ist [b] wird [c] wurden
13. [a] hat [b] ist [c] kann
14. [a] haben [b] können [c] werden
15. [a] haben [b] war [c] wurde
16. [a] ist [b] sind [c] werden
17. [a] haben [b] werden [c] wird
18. [a] ist [b] werden [c] wird

Modul 3 **11a Wenn Macarena und Frank könnten, wie sie wollten, dann … Ergänzen Sie die Sätze im Konjunktiv II.**

Wenn sie könnten, dann …

1. *würden sie mehr Mitarbeiter einstellen.* (mehr Mitarbeiter einstellen)
2. ______________________ (mehr Freizeit haben)
3. ______________________ (mehr zusammen sein)
4. ______________________ (viele Kinder haben)
5. ______________________ (Gästezimmer auf dem Hof einrichten)
6. ______________________ (Franks Eltern nicht mehr so viel arbeiten dürfen)

b Wie war und ist das Leben von Franks Vater? Was hätten Sie an seiner Stelle getan? Was würden Sie an seiner Stelle tun? Schreiben Sie Sätze im Konjunktiv II der Gegenwart und der Vergangenheit.

	An seiner Stelle …
1. Er hat jeden Tag zwölf Stunden gearbeitet.	1. hätte ich nicht jeden Tag zwölf Stunden gearbeitet.
2. Er ist immer vor Tagesanbruch aufgestanden.	2. ______________________
3. Er ist auch im Winter immer noch viel draußen.	3. ______________________
4. Er hat nie Urlaub genommen.	4. ______________________
5. Er ist nie zum Arzt gegangen.	5. ______________________
6. Er leistet auch heute noch harte körperliche Arbeit.	6. ______________________

12a Irreale Vergleichssätze? Beantworten Sie.

1. Mit welchen Konnektoren werden irreale Vergleichssätze eingeleitet?

   a ____________ b ____________ c ____________

2. Welche Verben gehen irrealen Vergleichssätzen oft voraus?

   ____

In welcher Zeitform stehen die Nebensätze von irrealen Vergleichsätzen? Im ____________

b Als ob das so einfach wäre! Macarena erzählt. Wo steht das Verb? Kreuzen Sie an.

Es sieht so aus, als ob ich (1) [a] *müsste* meinen Job als Floristin [b] *müsste* aufgeben [c] *müsste*, um mehr Zeit zu haben. Allerdings benimmt sich meine Chefin jetzt so, als ob (2) [a] *könnte* sie nicht auf mich [b] *könnte* verzichten [c] *könnte*. Dabei hat sie früher immer so getan, als (3) [a] *könnte* sie mir nicht mehr [b] *könnte* bezahlen [c] *könnte*. Den Job aufzugeben, ist so, als wenn (4) [a] *würde* ich mein eigenes Leben [b] *würde* aufgeben [c] *würde*. Denn Franks Mutter geht ja so mit dem Geld um, als ob (5) [a] *wären* wir [b] *wären* bettelarm [c] *wären*.

13 Eine Liebesgeschichte am Arbeitsplatz. Schreiben Sie Sätze mit *als, als ob, als wenn*.

Meine Chefin hat sich in den neuen Mitarbeiter verliebt.

1. jetzt – so tun – sie – er alles am besten können (als ob)

   Jetzt tut sie so, als ob er alles am besten könnte.

2. sie – sich benehmen – er nur für sie da sein (als)

   ____

3. sie – oft so tun – er keine Fehler machen (als ob)

   ____

4. sie – sich so verhalten – sie schon lange mit ihm verheiratet sein (als wenn)

   ____

5. sie – ihn ansehen – er der schönste Mann auf der Welt sein (als ob)

   ____

14 Die lieben Kollegen. Gefühle, Wahrnehmungen und Verhalten. Ergänzen Sie irreale Vergleichssätze. Schreiben Sie weitere Sätze Ihrer Wahl.

1. Ich habe das Gefühl, ____________
2. Es kommt mir so vor, ____________
3. Es sieht so aus, ____________
4. Es hört sich so an, ____________
5. Er/Sie benimmt sich so, ____________
6. Er/Sie verhält sich, ____________

Wortschatz-Hitparade

Nomen

der Aufwand *meist Sg.*		die Prüfung, -en	
der Ballaststoff, -e		die Rückversicherung, -en	
der Bankeinzug, "-e		die Scheune, -n	
die Bestellung, -en		der Tagesanbruch *Sg.*	
die Bewegung, -en		die Überweisung, -en	
das Dampfbad, "-er		der Umgangston *Sg.*	
der Einsatz, "-e		das Verhalten, –	
der Energiebedarf *meist Sg.*		der Versager, –	
das Gehirn, -e		der Versand *Sg.*	
die Geldbörse, -n		das Versandhaus, "-er	
das Getreide, –		der Vorgang, "-e	
das Kundenkonto, -konten		die Wahrnehmung, -en	
die Lieferzeit, -en		die Ware, -n	
das Produkt, -e		der Zustand, "-e	

Verben

abwickeln		eingeben	
anbieten		einrosten	
(sich) anstrengen		entgegennehmen	
aufgeben		ernten	
auflegen		festigen	
ausprobieren		füttern	
beantragen		(sich etwas) gönnen	
(sich) benehmen		handhaben	
beneiden		hochladen	
beschädigen		mähen	
beseitigen		verbleiben	
bestätigen		(sich) verlieben in	
durchfallen		verpacken	
durchhalten		zuliefern	

Adjektive

aufgeschlossen		nötig	
eigennützig		träge	
hilfsbereit		wahnsinnig	

Andere Wörter

eben		spätestens	

15 **Finden Sie zwölf Wörter aus der Hitparade in der Wortschlange. Welche Wörter passen nicht zum Thema „Online-Shopping“? Streichen Sie durch.**

LIEFERZEITBESTELLUNGVERPACKENBESTÄTIGENSCHEUNEVERSAND
KUNDENKONTOÜBERWEISUNGWAREPRÜFUNGANBIETENHILFSBEREIT

16 ***Die Ware verpacken.*** **Welche Verben aus der Hitparade passen? Manchmal gibt es mehrere Möglichkeiten.**

1. einen Anruf ______________________
2. eine Bestellung ______________________
3. den Hörer ______________________
4. bei der Prüfung ______________________
5. ein Passwort ______________________
6. eine Webseite ______________________
7. etwas Neues ______________________
8. die Ware ______________________

17 **Wichtige Ausdrücke und Sätze. Schreiben Sie in Ihrer Sprache.**

Machen Sie sich klar, dass … ______________________

Ich könnte mir vorstellen, dass … ______________________

Ich würde es besser finden, wenn … ______________________

Ich rufe an wegen … ______________________

Wir verbleiben also so: … ______________________

Tu nicht so, als ob … ______________________

Gönnen Sie sich eine Pause! ______________________

Vielen Dank für die Auskunft! ______________________

18 **Wörter und Sätze, die Sie wichtig finden:**

Deutsch:	Ihre Sprache:
______________________	______________________
______________________	______________________
______________________	______________________
______________________	______________________
______________________	______________________
______________________	______________________
______________________	______________________
______________________	______________________
______________________	______________________

19 **Mein Text. Schreiben Sie eine E-Mail an einen Freund / eine Freundin und erzählen Sie, wofür Sie fit sein/werden/bleiben möchten und warum.**

Kulturwelten

Auftakt **1 Rund um die Kunst. Ordnen Sie die Wörter zu.**

Ausstellung Aquarell Bild Bildhauerin Bleistift Farben mischen Galerie Gemälde Grafiker Holzdruck Kohle Kunstwerk Leinwand malen ~~Maler~~ Motive auswählen Museum Pinsel Relief Skizzen anfertigen Skulptur Vernissage zeichnen Zeichnerin Zeichnung

1. Künstlerische Berufe: *Maler,* ____________________

2. Arbeitsmaterial für Künstler: ____________________

3. Tätigkeiten eines Künstlers: ____________________

4. Ergebnis der künstlerischen Arbeit: ____________________

5. Orte, an denen man Kunst sehen kann: ____________________

2 Ein Gemälde von Caspar David Friedrich. Beschreiben Sie dieses Bild mit mindestens fünf Sätzen. Die Redemittel im Arbeitsbuch (Aufgabe 3b) können helfen.

1. ____________________
2. ____________________
3. ____________________
4. ____________________
5. ____________________

Caspar David Friedrich (1774–1840), Der Wanderer über dem Nebelmeer, 1818

3 Welche Oberbegriffe passen zu den Werken oder Orten? Ordnen Sie zu.

a Architektur
b Bildhauerei
c Film
d Höhlenmalerei
e Literatur
f Malerei
g Musik
h Tanz
i Theater
j Weltkulturerbe

1. ___ „Sonnenblumen" von Vincent van Gogh
2. ___ „David" von Michelangelo
3. ___ „Romeo und Julia" von Shakespeare
4. ___ „Die Sphinx" von Gizeh
5. ___ „Der kleine Prinz" von Saint-Exupéry
6. ___ „Die Zauberflöte" von Mozart
7. ___ „Der weiße Hai" von Spielberg
8. ___ „Kontakthof" von Pina Bausch
9. ___ Olympiastadion in München
10. ___ Höhle von Altamira in Kantabrien

Modul 1 **4 Was kann man alles besichtigen? Lösen Sie das Kreuzworträtsel.**

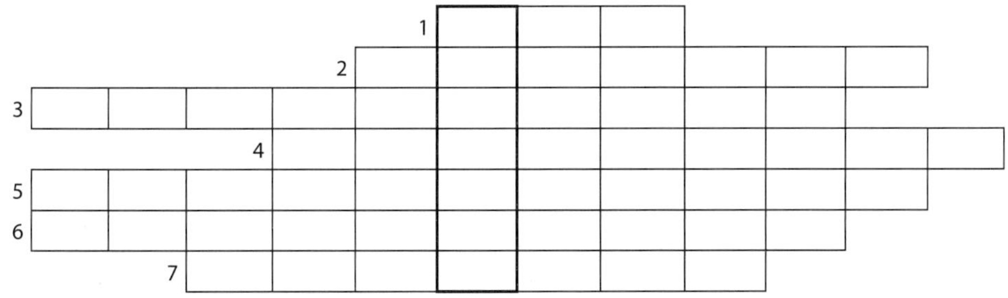

1. eine Kathedrale
2. eine burgähnliche Anlage
3. ein Gebäude mit tropischen Bäumen
4. der Machu Picchu ist eine …
5. ein Gebäude, in dem Gemälde ausgestellt sind
6. ein anderes Wort für Zoo
7. ein Gebäude, in dem Könige leben

Senkrecht: ein Monument

5 Weltkulturerbe in Bayern. Wie heißt es richtig? Kreuzen Sie das richtige Verb an.

Am Rande der Innenstadt von Würzburg (1) [a] bildet [b] liegt die Würzburger Residenz, die 1981 auf die Liste des UNESCO Weltkulturerbes (2) [a] gesetzt [b] gelegt wurde. Sie wurde im 18. Jahrhundert (3) [a] erbaut [b] gebildet und sie (4) [a] entstand [b] verfügt nicht nur über 300 Barock- und Rokoko-Räume, sondern auch über einen wunderschönen Hofgarten. Jährlich kommen viele Tausende Touristen, um das historische Gebäude zu (5) [a] besichtigen [b] beobachten. In diesem Palast (6) [a] galten [b] lebten einst die mächtigen Fürstbischöfe der Familie Schönborn. Das rekonstruierte Spiegelkabinett ist ein künstlerisches (7) [a] Meisterwerk [b] Programm des Rokoko. Die Würzburger Residenz (8) [a] bewahrt [b] gilt als eins der außergewöhnlichsten Barockschlösser.

Modul 2 **6 Räuber, Diebe und Ganoven. Welche drei Wörter haben eine ähnliche Bedeutung? Verbinden Sie.**

1. Dieb	a rauben	A Ermittler
2. Diebesgut	b verhaften	B Täter
3. stehlen	c Räuber	C entwenden
4. festnehmen	d Fahnder	D gestohlene Ware
5. Kommissar	e Beute	E fangen

Module 3+4 **7a *Einfluss gewinnen* oder *verlieren*? Ergänzen Sie in den folgenden Ausdrücken das passende Verb. Manchmal gibt es mehrere Möglichkeiten.**

1. ______ eine Sprache	5. ______ keine Spur	9. ______ eine Gefahr
2. ______ in andere Sprachen	6. ______ sich eine Niederlage	10. ______ an Einfluss
3. ______ eine Partie	7. ______ sich Lebensräumen	11. ______ auf dem Vormarsch
4. ______ das Spiel	8. ______ Platz eins	12. ______ etwas mündlich

a anpassen	d darstellen	g gewinnen	j übertragen
b beherrschen	e eingestehen	h hinterlassen	k vermitteln
c belegen	f eröffnen	i sein	

b Was bedeuten die Ausdrücke von 7a?

a sich ausbreiten: _11_ c der/die Erste sein: ______ e ein Spiel beginnen: ______

b gefährlich sein: ______ d übersetzen: ______ f zugeben, dass man verloren hat: ______

8 Schrecklich spannend! Ordnen Sie die Buchstaben und schreiben Sie die Geschichte weiter.

Ich wollte gerade gehen, als er wie aus (1, heereitm) ______________ (2, Memihl) ____________ auftauchte. Ohne (3, Vwnonarrug) _________________ stand er vor mir. Wie aus dem (4. Nctihs) ______________ war er (5, plötlczih) _____________ da. Mir blieb vor (6, Scehcrk) ____________ der (7, Aetm) ____________ weg. Damit hatte ich nicht im (8, Muart) ___________ gerechnet! Ich bekam eine (9, Gänusheat) ______________________. ___________________ (10, Siarltgcahg) wurde mir klar, dass …

Modul 3 **9a Sprachen und Webseiten. Eine Grafik beschreiben. Welche Redemittel gehören zu a) Einleitung, b) beschreiben, c) vergleichen oder d) eigene Meinung ausdrücken. Markieren Sie.**

1. ____ Bemerkenswert ist, dass …
2. ____ Die Grafik zeigt, …
3. ____ Im Unterschied zu …
4. ____ Die meisten/wenigsten Webseiten …
5. ____ An erster/letzter Stelle steht …
6. ____ Ich finde es überraschend, dass …
7. ____ Verglichen mit …
8. ____ Thema der Grafik ist …
9. ____ Es ist festzustellen, dass …
10. ____ Auffällig ist, dass …

b Wählen Sie sechs Redemittel aus 9a und beschreiben Sie die folgende Grafik.

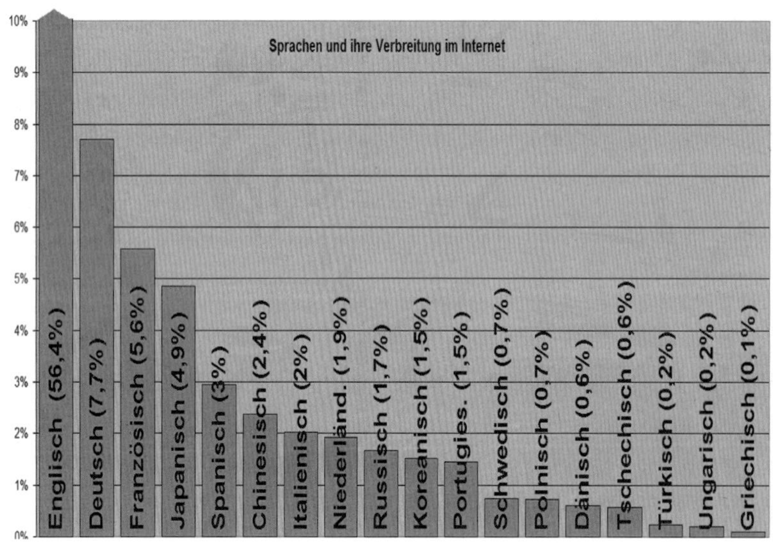

Modul 4 **10 Sich zu einem gelesenen Text äußern und eine Geschichte bewerten. Welche Aussagen sind neutral (Ø), welche geben eine positive (+) bzw. negative (–) Bewertung wieder?**

1. ____ Eine interessante und auch witzige Geschichte.
2. ____ Die Handlung ist insgesamt stark übertrieben.
3. ____ Ich konnte das Buch nicht mehr weglegen.
4. ____ Diese Geschichte ist einfach nicht mein Geschmack.
5. ____ Ich kann die Begeisterung für dieses Buch nicht teilen.
6. ____ Hier geht es um einen jungen Mann, der …
7. ____ Wer sich darauf einlässt, dem ist Spaß an der Lektüre sicher.
8. ____ Das neue Buch von … handelt von …
9. ____ Das Ende bleibt offen.
10. ____ Es gelingt dem Autor, Spannung aufzubauen und bis zum Ende zu halten.

Modul 1

11a Wortklassen und Textzusammenhang. Ordnen Sie die Wörter, die dazu beitragen, leserfreundliche Texte zu gestalten, aus dem Kasten in die Tabelle ein.

als aber dadurch damals darauf das dazu denn deshalb dieser dorthin euer es hier ihnen jene sein solche welche wenn wo

Artikelwörter	Pronomen	Orts- und Zeitangaben	Konnektoren	Präpositionaladverbien

b Sehen Sie das Bild von Neo Rauch auf der Auftaktseite von Kapitel 7 im Lehrbuch an. Entscheiden Sie, welches Wort (a, b oder c) am besten in die Lücke passt.

Auf dem Bild sieht man drei Männer, (1) um einen Tisch herum stehen. In der Mitte ist ein überdimensional großer Mann, (2) den Betrachter anschaut. (3) trägt einen anderen Mann auf dem Arm. (4) Hände sehen wie Feuer aus. Rechts (5) kann man noch einen Mann sehen. (6) hält eine Kamera in der Hand und blickt zu Boden. Vor (7) steht ein Tisch mit brennenden Tortenstücken. Im Vordergrund sieht man noch einen Tisch, auf (8) eine Vase, eine kleine Dose und weitere Objekte stehen. Der Bildhintergrund ist eine einfache hellgraue Wand. Die Stimmung des Bildes ist bedrückend. (9) tragen nicht nur die ernsten Gesichtsausdrücke der Männer, sondern auch die Wahl der Farben bei. Für einen Betrachter gibt es sicherlich viele Möglichkeiten, dieses (10) zu interpretieren. (11) sind der Fantasie keine Grenzen gesetzt. Und es bleibt (12) selbst überlassen, ob er in den drei Männern drei unterschiedliche Personen oder verschiedene Seiten einer Person sehen möchte.

1. [a] die [b] ihre [c] sie
2. [a] dem [b] der [c] die
3. [a] Er [b] Sein [c] Sie
4. [a] Diese [b] Ihre [c] Seine
5. [a] daneben [b] darüber [c] neben
6. [a] Dieser [b] Ihn [c] Sie
7. [a] dem [b] ihm [c] ihr
8. [a] dem [b] der [c] die
9. [a] Dazu [b] Damit [c] Darauf
10. [a] Fotografie [b] Kunstwerk [c] Zeichnung
11. [a] Damals [b] Hier [c] Hierher
12. [a] er [b] euch [c] jedem

12a Kaiserin Sissi. Pronomen und Artikelwörter. Ergänzen Sie im Text.

Sissi war erst 17 Jahre alt, als (1) *sie* am 24. April 1854 Kaiser Franz Josef heiratete. Zusammen mit (2) ________ Mann gehörte (3) ________ zu den prominentesten Bewohnern von Schloss Schönbrunn. Allerdings blieb die Kaiserin (4) ________ Leben lang eine Außenseiterin am Wiener Hof. Denn für die freiheitsliebende Elisabeth war es schwer, (5) ________ an das Leben am kaiserlichen Hof zu gewöhnen und schnell kam es zu Konflikten mit (6) ________ Schwiegermutter, der Erzherzogin Sophie. (7) ________ wachte streng über das Hofzeremoniell und versuchte aus der jungen Elisabeth eine würdige Kaiserin zu machen. (8) ________ gelang ihr nicht. Die Kaiserin unternahm lange Reisen und blieb dem Wiener Hof mehr und mehr fern. Tragisch war (9) ________ Tod: Während eines Spaziergangs am Ufer des Genfer Sees wurde (10) ________ von einem italienischen Anarchisten erstochen. Durch die zahlreichen Verfilmungen (11) ________ Lebens erlangte Sissi Weltberühmtheit.

b Sissi und Schloss Schönbrunn. Ersetzen Sie die unterstrichenen Ausdrücke, indem sie die Vorgaben in den Klammern benutzen.

1. Schloss Schönbrunn liegt westlich der Wiener Innenstadt. Das Schloss ist eins der berühmtesten Kulturdenkmäler Österreichs. (Relativpronomen)

   Schloss Schönbrunn, das westlich der Wiener Innenstadt liegt, ist eins der berühmtesten Kulturdenkmäler Österreichs.

2. 1996 wurde das Schloss in die Liste des Weltkulturerbes der UNESCO aufgenommen. Ein wichtiger Grund für die Aufnahme in die Liste war, dass Architektur und Natur eine einzigartige Einheit bilden. (Pronominaladverb)

   ___

3. Das Schloss und seine großflächige Gartenanlage locken jedes Jahr viele Millionen Besucher an. Die Besucher können sich im Schloss und in der Gartenanlage in eine andere Zeit versetzen und erholen. (Relativpronomen, Lokaladverb)

   ___

4. Schon im 18. Jahrhundert wurde der Tiergarten errichtet. Der Besuch im ältesten Zoo der Welt war im 18. Jahrhundert kostenlos. (Temporaladverb)

   ___

5. Schloss Schönbrunn verdankt seine touristische Attraktivität nicht nur seiner Architektur. Viele Touristen kommen auf den Spuren der weltberühmten Kaiserin Sissi nach Schönbrunn. (Lokaladverb)

   ___

6. Sissis Leben war für die damalige Zeit ungewöhnlich. Ihr Leben ist aus diesem Grund oft verfilmt worden. (Personalpronomen, Konnektor)

   ___

Modul 3 **13a Sprachensterben. Modalsätze mit *dadurch, dass*.**

Durch welchen Konnektor kann *dadurch, dass* ersetzt werden? ___

b *Sprachen sterben, weil …* Formulieren Sie Modalsätze mit *dadurch, dass*.

1. … alle Sprecher auf einmal sterben.

   ___

2. … Nationalstaaten gebildet werden, in denen eine einheitliche Sprache gesprochen wird.

   ___

3. … nur noch die Älteren einer Volksgruppe ihre Sprache sprechen.

   ___

4. …. Kinder in der Schule nicht mehr ihre Muttersprache lernen.

   ___

c Indigene Völker und Sprachen in Südamerika. Macarena berichtet. Bilden Sie Modalsätze mit *dadurch, dass …*

1. Indigene Völker in Südamerika leben unter unterschiedlichen Bedingungen. Es haben sich verschiedene Gesellschaften herausgebildet.

   ___

   ___

2. Sie bewahren ihre eigene Kultur und Sprache. Sie unterscheiden sich deutlich von der herrschenden Gesellschaft.

   ___

3. Dem Mapuche-Volk in Chile wurde das Land weggenommen. Viele sind in die Hauptstadt Santiago abgewandert.

   ___

4. Der Umgang des chilenischen Staates mit den indigenen Völkern war sehr repressiv. Chile war eins der letzten Länder Südamerikas, in dem die interkulturelle zweisprachige Erziehung eingeführt wurde.

   ___

   ___

14a Wie kann man Sprachen retten?

1. Durch welchen anderen Konnektor kann man *dadurch, dass* ersetzen und einen modalen Nebensatz einleiten? ___
2. Was beschreibt dieser Konnektor? Das ___ einer Handlung.

b *Sprachen kann man retten, …* – Schreiben Sie vier Sätze mit *indem*. Übung 3 im Modul 3 im Arbeitsbuch kann helfen.

1. … ___.
2. … ___.
3. … ___.
4. … ___.

15 Dialekte in Bayern. Welcher Konnektor passt? Kreuzen Sie an. Manchmal gibt es mehrere Möglichkeiten.

1. __(1)__ in Bayern 6 Millionen Menschen Bairisch sprechen, ist der Dialekt sehr lebendig. Außerdem wird das Ansehen des Dialekts gestärkt, __(2)__ Politiker, Medien und Schulen öffentlich für den Erhalt der Dialekte werben. __(3)__ die geografischen und topografischen Gegebenheiten wird aber auch in Bayern kein einheitlicher Dialekt gesprochen. Grob kann man die Dialekte unterteilen, __(4)__ man Bayern in drei Sprachräume gliedert: Bairisch, Fränkisch und Schwäbisch. In Bayern ist der Dialekt immer noch stark verwurzelt, __(5)__ stirbt er in Norddeutschland langsam aus. In vielen Regionen sprechen Mütter nur noch Hochdeutsch mit ihren Kindern, __(6)__ man denkt, dass Dialekt ein Synonym für fehlende Bildung ist.

1.	2.	3.	4.	5.	6.
[a] Dadurch, dass	[a] durch	[a] Dass	[a] damit	[a] dadurch, dass	[a] durch
[b] Damit	[b] indem	[b] Durch	[b] durch	[b] dagegen	[b] indem
[c] Dass	[c] wie	[c] Weil	[c] indem	[c] weil	[c] weil

Wortschatz-Hitparade

Nomen

das Bauwerk, -e ____________________
die Bedeutung, -en ____________________
die Beute *Sg.* ____________________
der Bildhauer, – ____________________
das Denkmal, ″-er ____________________
der Dialekt, -e ____________________
der Dieb, -e ____________________
das Ergebnis, -se ____________________
der Erhalt *meist Sg.* ____________________
der Ermittler, – ____________________
die Gänsehaut *meist Sg.* ____________________
das Gebäude, – ____________________
das Gemälde, – ____________________
der Geschmack, ″-er ____________________
die Handlung, -en ____________________
der Hinweis, -e ____________________
die Höhlenmalerei, -en ____________________
der Holzdruck, -e ____________________
der Lebensraum, ″-e ____________________
die Leinwand, -e ____________________
das Meisterwerk, -e ____________________
die Niederlage, -n ____________________
der Roman, -e ____________________
das Schloss, ″-er ____________________
die Skulptur, -en ____________________
die Spannung, -en ____________________
das Spiegelkabinett, -e ____________________
die Spur, -en ____________________
der Täter, – ____________________
das Volk, ″-er ____________________

Verben

anlocken ____________________
beitragen ____________________
belegen ____________________
besichtigen ____________________
bewahren ____________________
entwenden ____________________
errichten ____________________
festnehmen ____________________
hinterlassen ____________________
überlassen ____________________
unterteilen ____________________
verschwinden ____________________
(sich) versetzen in ____________________
wegnehmen ____________________

Adjektive

außergewöhnlich ____________________
bedrückend ____________________
einheitlich ____________________
einzigartig ____________________
herrschend ____________________
historisch ____________________
indigen ____________________
mächtig ____________________
plötzlich ____________________
schlagartig ____________________
spannend ____________________
unterschiedlich ____________________
verwurzelt ____________________
witzig ____________________
würdig ____________________
zahlreich ____________________

Andere Wörter

damals ____________________
dorthin ____________________
hierher ____________________
jene ____________________

16 **Wortfelder. Ordnen Sie passende Nomen aus der Hitparade zu. Ergänzen Sie weitere Wörter aus dem Kapitel.**

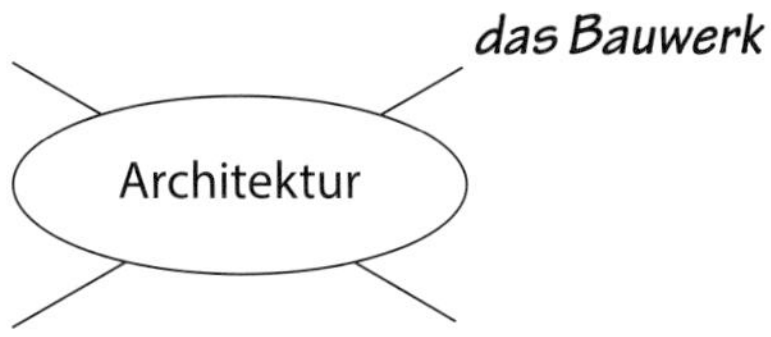

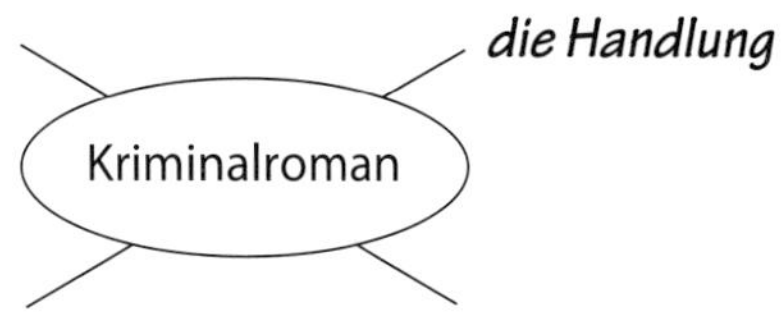

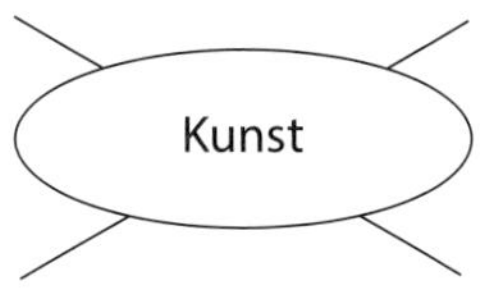

17 **Welche Wörter aus der Hitparade passen?**

Der Kölner Dom ist Weltkulturerbe und ein weltberühmtes (1) ____________________, das jedes Jahr (2) ____________________ Besucher (3) ____________________. Viele sind hier auf den (4) ____________________ der Heiligen Drei Könige, deren Grab man hier (5) ____________________ kann. Auch eine (6) ____________________ der Heiligen Drei Könige ist hier zu sehen. Man brauchte mehr als 300 Jahre, um den Dom zu (7) ____________________. Der (8) ____________________ dieses (9) ____________________ der gotischen Baukunst kostet jährlich mehrere Millionen Euro.

18 **Wichtige Ausdrücke und Sätze. Schreiben Sie in Ihrer Sprache.**

Der Film hat mich in eine andere Zeit versetzt. ______________________________

Im Film/Buch geht es um … ______________________________

Verglichen mit … ______________________________

Es ist festzustellen, dass … ______________________________

Wie aus heiterem Himmel … ______________________________

19 **Wörter und Sätze, die Sie wichtig finden:**

Deutsch:	Ihre Sprache:
______________________________	______________________________
______________________________	______________________________
______________________________	______________________________
______________________________	______________________________

20 **Mein Text. Schreiben Sie für ein Online-Forum einen kurzen Beitrag über ein Buch, das Sie gerade lesen oder gelesen haben, oder einen Film, den Sie gesehen haben. Gehen Sie dabei auf Thema und Handlung, Autor bzw. Schauspieler und Ihre eigene Meinung ein.**

Das macht(e) Geschichte

Auftakt **1** **Eine Definition von Geschichte. Ordnen Sie die Buchstaben der Nomen.**

Geschichte ist die Gesamtheit der (1, VEUNERDRÄNGEN) ______________________ der menschlichen (2, FASCHGELLSET) ______________________ oder einzelner Teilbereiche, wie sie durch das (3, KENDNE) ______________________ und Handeln Einzelner oder gesellschaftlicher Gruppen in der (4, VEINGEHREGANT) ______________________ erfolgte, sich in der Gegenwart fortsetzt und auch in der (5, FUNKTZU) ______________________ erfolgen wird.

2a **Politik und Gesellschaft. Welche Wörter passen nicht in die Gruppe? Streichen Sie durch und notieren Sie die Wörter unter dem passenden Oberbegriff.**

1. Politik	2. Gesellschaft	3. Wirtschaft	4. Forschung	5. Natur und Umwelt
~~der Artenschutz~~	die Demonstration	der Manager	die Aktie	der/die Abgeordnete
der Bundestag	die Dürre	der Konzern	die Erfindung	die Hitzewelle
die Koalition	die Integration	die Firma	das Experiment	der Klimawandel
die Mehrheit	der Protest	die Finanzkrise	die Untersuchung	der Wassermangel
die Partei	der Staatschef	das Parlament	die Opposition	die Überschwemmung
die Verkaufszahlen	der Streik	der Profit	das Polareis	der Verein
	der/die Wissen-schaftler/in	die Wahlen	die Studie	
				der Artenschutz

b **Ergänzen Sie in den Ausdrücken das passende Verb.**

debattieren ~~demonstrieren~~ streiken unterzeichnen wählen zerstören

1. für seine Rechte *demonstrieren*
2. über die Gesetzesreform ______________
3. eine Partei ______________
4. die Umwelt ______________
5. einen Vertrag ______________
6. für bessere Arbeitsbedingungen ______________

3 **Welche Assoziationen haben Sie zum Thema „Zeit"? Welche Komposita mit *Zeit* kennen Sie? Ergänzen Sie die Mindmap.**

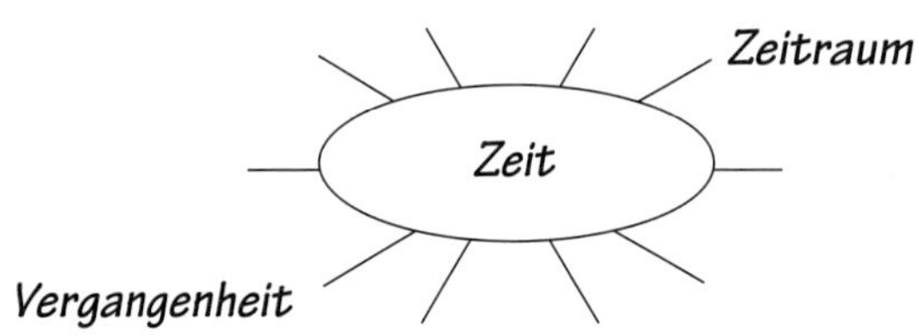

Modul 1 **4 Eine Zeitreise. Lösen Sie das Kreuzworträtsel.**

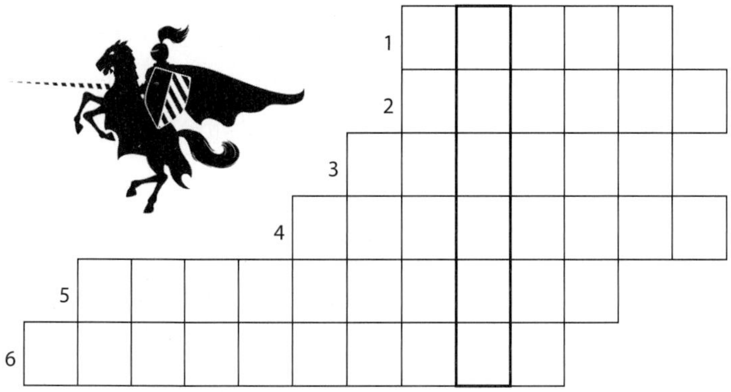

1. jemand, der Landwirtschaft betreibt
2. früher: ein Mann, der für einen Bauern arbeitet
3. ein Krieger im Mittelalter, der mit voller Rüstung und Pferd kämpft
4. früher: jemand, der ein Instrument spielt
5. ein Beruf, bei dem man das Produkt mit den Händen herstellt
6. ein Wissenschaftler, der sich mit Geschichte beschäftigt

Senkrecht: das griechisch-römische Altertum

Modul 2 **5 Ein Tag in der Geschichte. Was geschah am 28. September? Welches Wort passt? Kreuzen Sie an. Fassen Sie anschließend die Nachrichten in einer Schlagzeile zusammen.**

1. Nach der Wahl am 28. September 1969 [a] bilden [b] entlassen die SPD und die FDP die erste sozial-liberale Koalition Deutschlands. Willy Brandt wird zum Bundeskanzler [a] genannt [b] ernannt.
2. Am 28. September 1924 wird von den US-Amerikanern Lowell H. Smith und Erik H. Nelson ein Rekord [a] aufgestellt [b] hergestellt. Ihnen [a] erreicht [b] gelingt der erste Flug um die Erde. Für diesen Flug [a] begeistern [b] benötigten die beiden 176 Tage.
3. Am 28. September 1864 [a] initiierten [b] beabsichtigten die englischen Gewerkschaften die Gründung der Ersten Internationalen.
4. Kaiser Friedrich Wilhelm I. [a] bildet [b] führt am 28. September 1771 in Preußen die Schulpflicht ein.
5. Am 28. September 1934 [a] wurde [b] bekam die französische Filmschauspielerin Brigitte Bardot geboren. Sie [a] begann [b] erzielte ihre Karriere als Balletttänzerin und Model. Zum internationalen [a] Konkurs [b] Durchbruch kam es 1956 in dem Film „Und immer lockt das Weib." In den 60er- und 70er-Jahren [a] verfilmte [b] spielte sie in mehr als 30 Filmen mit.
6. Am 28. September 1978 [a] entließ [b] starb Papst Johannes Paul I. Er war nur 33 Tage im [a] Amt [b] Betrieb. Sein ungeklärter Tod ist immer noch [a] Anlass [b] Anzahl für vielfältige Spekulationen.

Modul 3 **6 Behaupten und berichten. Bilden Sie Nomen zu den Verben. Ordnen Sie dann zu, welche Nomen zu den Verben rechts passen.**

1. antworten ____________	5. denken ____________	____ a abgeben	____ e geben
2. äußern ____________	6. erklären ____________	____ b aufstellen	____ f in Worte fassen
3. behaupten ____________	7. fragen ____________	____ c äußern	____ g machen
4. berichten ____________	8. meinen ____________	____ d erstatten	____ h stellen

Modul 4 **7a Was geschah in Deutschland am 9. November 1989? Die Wörter in der Wortschlange geben Hinweise auf ein historisches Ereignis.**

GRENZEMONTAGSDEMONSTRATIONENWESTENMAUERTEILUNGDDROSTBERLINÖFFNENAUSREISE

b Sie sind als Zeitungsreporter live dabei. Schreiben Sie einen Bericht über dieses Ereignis.

Redemittel

Modul 2 **8 Recherchierte Ereignisse präsentieren und historische Daten nennen. Wie passen die Satzteile zusammen? Ordnen Sie zu.**

1. ____ Ich werde von einem Ereignis berichten, das …
2. ____ Damals, am 26. Oktober 1861, …
3. ____ Ich habe dieses Ereignis ausgesucht, weil …
4. ____ Besonders interessant fand ich, …
5. ____ Das zweite Ereignis passierte …
6. ____ Eigentlich finde ich die Verleihung eines Ordens nicht so interessant, …

a … es die damaligen Möglichkeiten der Kommunikation sehr verändert hat. Plötzlich konnten die Menschen über weite Entfernungen hinweg miteinander sprechen.
b … aber in diesem Fall geht es um meine Lieblingsband.
c … vor mehr als 150 Jahren stattgefunden hat.
d … auch an einem 26. Oktober, nämlich am 26.10.1965: Die Beatles erhielten von Königin Elisabeth II. einen sehr wichtigen Orden.
e … wie Reis seinen Mitmenschen das Telefon vorgeführt hat: Sein Schwager, der am anderen Ende des Telefons stand, musste unsinnige Sätze sagen, die Reis dann wiederholte. Erst dann glaubten die Leute, dass das neue Fernsprechgerät auch wirklich funktionierte.
f … stellte der Physiker Johann Philipp Reis in Frankfurt ein Fernsprechgerät vor.

Modul 4 **9 Über vergangene Zeiten oder von einem historischen Ereignis berichten und es kommentieren. Ergänzen Sie in den Texten die passenden Redemittel.**

Damals war es so …	Wenn man früher …	Anders als heute war es damals …

A (1) ____________________ in der DDR, dass nicht jeder ein Auto haben konnte. (2) ____________________ nicht möglich, in ein Autohaus zu gehen und ein Auto zu kaufen. (3) ____________________ einen Wagen kaufen wollte, musste man meist mehrere Jahre darauf warten.

~~Es begann damit …~~	Ich denke, das ist auch für andere Länder interessant …
Die Ereignisse führten dazu, dass …	Meines Erachtens war es besonders erstaunlich …
Nachdem dies bekannt gegeben worden war …	

B (1) *Es begann damit* ____________, dass im Sommer 1989 die Botschaften der Bundesrepublik Deutschland in Prag, Budapest und Warschau besetzt wurden. (2) ____________________ Ungarn seine Grenzen zu Österreich öffnete. (3) ____________________, versuchten immer mehr DDR-Bürger in den Westen zu gelangen. (4) ____________________, dass sich der Mauerfall gewaltlos ereignete. (5) ____________________, denn das zeigt, dass bedeutende politische Veränderungen auch friedlich erreicht werden können.

Modul 1

10a Ängste, Erinnerungen und Begeisterung. Bilden Sie Verben zu den Nomen.

1. die Abhängigkeit ____________________
2. die Angst ____________________
3. die Antwort ____________________
4. die Begeisterung ____________________
5. die Bitte ____________________
6. die Erinnerung ____________________
7. die Entscheidung ____________________
8. die Freude ____________________
9. die Hilfe ____________________
10. das Interesse ____________________
11. die Sorge ____________________
12. die Suche ____________________
13. die Teilnahme ____________________
14. die Verwunderung ____________________

b Zu welchen Nomen und Verben aus 10a kann man ein Adjektiv bilden? Schreiben Sie es auf.

START

11a In diesem Rätsel sind zehn Präpositionen versteckt. Markieren Sie sie. Schreiben Sie dann zu jedem Verb die passende Präposition.

P	S	W	J	D	T	W	V	E	B
O	V	O	N	I	V	Z	U	S	E
B	D	S	T	I	O	E	H	R	I
B	F	Ü	R	Y	V	U	X	M	G
U	R	H	I	W	U	M	B	Ü	W
N	U	Q	D	I	Q	N	O	B	N
A	C	N	A	C	H	Y	R	E	X
U	T	B	H	O	X	R	X	R	T
F	A	F	C	G	M	L	J	G	H
C	F	Q	M	I	T	K	Y	A	N

1. abhängen ____________ ____________________
2. sich anpassen ____________ ____________________
3. sich ärgern ____________ ____________________
4. sich beschweren ____________ ____________________
5. bitten ____________ ____________________
6. sich entschließen ____________ ____________________
7. fragen ____________ ____________________
8. sich interessieren ____________ ____________________
9. reagieren ____________ ____________________
10. sich treffen ____________ ____________________

b Gibt es zu den Verben aus 11a ein Nomen? Welche Präposition fordert es? Notieren Sie.

c Fragen stellen. Formulieren Sie Fragen mit den folgenden Verben. Fragen Sie jeweils nach einer Person und nach einem Ereignis oder einer Sache.

Frage nach	Person	Ereignis/Sache
erinnern	*An wen erinnerst du dich?*	
interessieren		*Wofür interessierst du dich?*

d Das Mittelalter boomt. Ergänzen Sie die passende Präposition.

Dass sich viele Leute (1) ________ das Mittelalter interessieren, zeigen die vielen Mittelalterfeste. Kaum eine Epoche ist (2) ________ den Deutschen so beliebt wie das Mittelalter. Auch die Welt von Harry Potter erinnert (3) ________ das Mittelalter. Vielleicht ist es die Sehnsucht (4) ________ einer Welt, die klein und überschaubar ist? Denn in Wahrheit kann doch keiner verrückt (5) ________ einem Leben auf einer kalten Burg sein. In Wirklichkeit war das Mittelalter doch geprägt (6) ________ dem Kampf (7) ________ das Überleben und der Suche (8) ________ Essen.

12 Mittelalterlicher Weihnachtsmarkt in München. Macarena schreibt an ihre Freundin Gabriela. Welches Wort passt? Kreuzen Sie an.

Liebe Gabriela,
als __(1)__ auf deine E-Mail schicke ich dir heute einen Bericht __(2)__ einen Ausflug, __(3)__ dem mich Frank vor ein paar Tagen eingeladen hat. Ich war total froh __(4)__ seine Einladung, weil wir so mal einen Tag Erholung __(5)__ der Arbeit auf dem Hof hatten. Frank hatte sich __(6)__ Freunden auf dem Mittelalter-Weihnachtsmarkt in München verabredet. Ich war vor allem neugierig __(7)__, etwas über eine Epoche zu erfahren, die hier in Europa ja ganz anders war als bei uns. Natürlich hatte ich mich vorher schon ein wenig mit dieser Epoche __(8)__. Besonders begeistert war ich __(9)__ den Kostümen, die Budenbesitzer und Schausteller trugen. Alles wirkte wirklich authentisch __(10)__ mich. Und ich liebe den deutschen Glühwein. Dieser Geschmack __(11)__ Zimt und anderen Gewürzen. Köstlich! Schade, dass du nicht da warst! __(12)__ war ich ein wenig traurig. Als __(13)__ an den schönen Tag habe ich Fotos gemacht. Ich schicke sie dir auch im Anhang.
Bist du eigentlich __(14)__ deiner neuen Arbeit zufrieden? Zu Anfang warst du doch so skeptisch deinem neuen Chef __(15)__. Schreib mir bald!

Liebe Grüße, deine Macarena

1. [a] Antwort [b] Bericht [c] Wirkung
2. [a] auf [b] über [c] unter
3. [a] aus [b] mit [c] zu
4. [a] auf [b] für [c] über
5. [a] an [b] von [c] zu
6. [a] bei [b] mit [c] nach
7. [a] darauf [b] davon [c] dazu
8. [a] beschäftigt [b] interessiert [c] nachgedacht
9. [a] für [b] mit [c] von
10. [a] auf [b] aus [c] von
11. [a] an [b] nach [c] über
12. [a] Auf [b] Darüber [c] Über
13. [a] Bitte [b] Erinnerung [c] Freude
14. [a] an [b] mit [c] über
15. [a] nach [b] gebenüber [c] über

Modul 3 **13a Indirekte Rede. Wo wird sie vor allem verwendet? Kreuzen Sie an.**

[a] in der Alltagssprache
[b] in Briefen und E-Mails
[c] in Nachrichtensendungen
[d] in Einladungskarten
[e] in der Wissenschaftssprache
[f] in politischen Reden
[g] in Gebrauchsanweisungen
[h] in Zeitungsartikeln
[i] in Kochrezepten
[j] in offiziellen Berichten

b Wann verwendet man in der indirekten Rede den Konjunktiv I und wann den Konjunktiv II und wann *würde* + Infinitiv?

Konjunktiv I: ______________________

Konjunktiv II: ______________________

würde + Infinitiv: ______________________

14a Irrtum oder Wahrheit? Markieren Sie die Verbformen im Konjunktiv I.

1. Macarena glaubt, das erste europäische Kaffeehaus stehe in Wien. Aber Franks italienischer Freund Marco antwortet, das sei nicht wahr. In Venedig habe man schon vorher Kaffee getrunken.
2. Franks Mutter dachte, die Lebenserwartung der Menschen im Mittelalter sei niedriger gewesen als die Lebenserwartung heute. Ihr Mann erwiderte, das stimme nur zum Teil. Wer gesund geblieben sei, habe früher genauso gute Chancen gehabt, alt zu werden, wie heute.
3. Frank behauptet, Gutenberg habe den Buchdruck erfunden. Aber Macarena entgegnet, dass es in China schon vorher Drucktafeln für einzelne Schriftzeichen gegeben habe.
4. Macarena fragt, wie die Orangen nach Europa gekommen seien. Frank sagt, das wisse er auch nicht, aber Macarena könne sich darüber sicherlich im Internet informieren.

b Mit welchen Verben wird die indirekte Rede eingeleitet? Übungen 6 und 14 a können helfen. Notieren Sie sie im Infinitiv.

glauben, ____________________

____

15 Ergänzen Sie in der Tabelle die fehlenden Formen des Konjunktiv I. Übung 14 a hilft.

	sein	haben	Modalverben	andere Verben
er / sie / es	______	______	______	*stehe*
sie (Pl.)/ Sie	______	haben > hätten	können > könnten	stehen > würden stehen

16a Bilden Sie den Konjunktiv I der Gegenwart. Schreiben Sie den Konjunktiv II, wenn Konjunktiv I und Indikativ Präsens identisch sind.

1. er sieht *er sehe*
2. es gibt ______
3. er will ______
4. sie gehen ______
5. sie reist ______
6. sie müssen ______
7. sie soll ______
8. sie wissen ______

b Bilden Sie den Konjunktiv I der Vergangenheit.

1. sie hat gelesen *sie habe gelesen*
2. er ist gewesen ______
3. es gab ______
4. sie haben gemacht ______
5. sie sind erfunden worden ______

17 Die Entdeckung Amerikas. Alles nur ein Irrtum? Geben Sie die Aussagen in der indirekten Rede wieder. Verwenden Sie redeeinleitende Verben aus 14b.

1. Viele Geschichtsbücher: „Christoph Kolumbus hat Amerika entdeckt."
2. Christoph Kolumbus: „Ich bin in Indien gelandet."
3. Eine Theorie: „Es waren muslimische Seefahrer, die vor Kolumbus Amerika entdeckt haben."
4. Andere Theorien: „Kolumbus war der erste Europäer in Amerika."
5. Archäologen: „Schon ca. 500 Jahre vor Kolumbus haben Wikinger amerikanischen Boden betreten."
6. Weitere Hypothese: „Die allerersten Menschen in Amerika waren Asiaten, die vor ungefähr 10000 Jahren zu Fuß die Beringstraße nach Alaska überquert haben."
7. Thor Heyerdahl: „Meine Fahrt mit der Kon-Tiki beweist, dass es auf dem Seeweg Kontakte zwischen Polynesien und Südamerika gegeben hat."

1. Viele Geschichtsbücher behaupten, Christoph Kolumbus habe Amerika entdeckt.

Wortschatz-Hitparade

Nomen

das Amt, ¨-er	________	die Koalition, -en	________
der Anhang, ¨-e	________	das Kostüm, -e	________
der Anlass, ¨-e	________	die Lebenserwartung *Sg.*	________
die Äußerung, -en	________	die Meldung, -en	________
der Boden, ¨-	________	das Mittelalter *Sg.*	________
die Botschaft, -en	________	die Nachricht, -en	________
der Buchdruck *Sg.*	________	die Opposition *Sg.*	________
der Budenbesitzer, –	________	der Schausteller, –	________
der Durchbruch, ¨-e	________	die Schulpflicht *Sg.*	________
die Entdeckung, -en	________	der Seefahrer, –	________
die Entfernung, -en	________	der Seeweg, -e	________
die Epoche, -n	________	die Sehnsucht, ¨-e	________
das Ereignis, -se	________	die Sendung, -en	________
die Gegenwart *Sg.*	________	die Suche *Sg.*	________
die Genehmigung, -en	________	das Überleben *Sg.*	________
die Gesamtheit *Sg.*	________	die Verleihung, -en	________

Verben

abgeben	________	ernennen	________
sich ängstigen	________	erstatten	________
anstellen	________	erwidern	________
behaupten	________	fortsetzen	________
betreiben	________	gelangen	________
betreten	________	locken	________
boomen	________	stattfinden	________
sich ereignen	________	unterzeichnen	________
entgegnen	________	wiedergeben	________

Adjektive

beliebt	________	überschaubar	________
damalig	________	üblich	________
gewaltlos	________	unsinnig	________
menschlich	________	wörtlich	________

Andere Wörter

damals	________	sicherlich	________
früher	________	vorher	________

18 **Welches Wort aus der Hitparade passt?**

1. eine offizielle staatliche Institution im Ausland: *die Botschaft*
2. ein anderes Wort für Geschehen oder Vorfall: ______
3. die Parteien, die nicht an der Regierung sind: ______
4. eine Bemerkung oder Stellungnahme: ______
5. eine Information in Radio, Fernsehen oder Zeitung: ______
6. ein anderes Wort für Erlaubnis: ______

19 **Ergänzen Sie in der Tabelle das passende Nomen oder das passende Verb. Vergleichen Sie mit der Hitparade.**

	Nomen	Verb
1.	der Anhang	*anhängen*
2.		äußern
3.		entdecken
4.		genehmigen
5.		melden
6.	die Ernennung	
7.	die Erwiderung	
8.	die Fortsetzung	
9.	die Wiedergabe	

20 **Wichtige Ausdrücke und Sätze. Schreiben Sie in Ihrer Sprache.**

Damals, am … ______

Damals/Früher war es so, dass … ______

Vor mehr als … Jahren … ______

Es begann damit, dass … ______

In Wirklichkeit … ______

Damals war es so, dass … ______

Das stimmt nur zum Teil. ______

Schade, dass du nicht da warst. ______

21 **Wörter und Sätze, die Sie wichtig finden:**

Deutsch:	Ihre Sprache:

22 **Mein Text. Schreiben Sie einen kurzen Text über die Geschichte Ihrer Heimatstadt / Ihres Heimatortes.**

Mit viel Gefühl ...

Auftakt **1 Positive und negative Gefühle. Ergänzen Sie die Mindmaps.**

2 Welche Adjektive passen jeweils in die Reihe. Ergänzen Sie Adjektive mit ähnlicher Bedeutung.

begeistert behutsam betrübt eingebildet erstaunt ~~lustig~~
schüchtern verblüfft wutentbrannt zornig zurückhaltend

1. froh	*lustig*	fröhlich	vergnügt
2. überrascht	______	verwundert	______
3. ______	mitgerissen	fanatisch	leidenschaftlich
4. wütend	verärgert	______	______
5. traurig	______	bedrückt	niedergeschlagen
6. vorsichtig	______	besonnen	bedächtig
7. ______	bescheiden	______	scheu
8. überheblich	______	anmaßend	arrogant

3a Bilden Sie Nomen zu den Adjektiven.

1. bescheiden ______
2. begeistert ______
3. enttäuscht ______
4. schüchtern ______
5. verwundert ______
6. wütend ______

b Ergänzen Sie in den Sätzen die passenden Nomen aus 3a.

1. Bei Macarena merkt man sofort, wenn ihr etwas gefällt. Sie zeigt ihre ______ ganz offen.
2. Frank kann sich manchmal richtig ärgern. Dann wird er ganz rot vor ______.
3. Macarena hatte sich so auf die Reise nach Chile gefreut. Als es nicht klappte, stand ihr die ______ ins Gesicht geschrieben.
4. Franks Einladung zum Weihnachtsmarkt hat Macarena sehr überrascht. Man sah ihr ihre ______ regelrecht an.
5. Anfangs hat sich Macarena nicht getraut, mit den Menschen im Dorf zu sprechen. Doch irgendwann hat sie ihre ______ überwunden.
6. Franks Eltern brauchen nicht viel Luxus im Leben. Macarena ist sehr beeindruckt von ihrer ______.

Modul 1 **4 Die Wirkung von Musik. Lesen Sie den Text und ergänzen Sie das passende Verb in der richtigen Form. Manchmal gibt es mehrere Möglichkeiten.**

beeinträchtigen	bessern	erhöhen	erkennen	fördern	helfen	hören
nachweisen	reagieren	verbessern	verhindern	verringern	wirken	

Ruhige und harmonische klassische Musik (1) ______________ beim Lernen und (2) ______________ die Konzentrationsfähigkeit. So soll zum Beispiel das räumliche Vorstellungsvermögen durch das Hören von Mozart (3) ______________ werden. Auch Geräusche aus der Natur, wie zum Beispiel das Rauschen der Wellen, können entspannend (4) ______________. Musik mit Texten allerdings (5) ______________ die Konzentrationsfähigkeit. Außerdem hat man (6) ______________, dass Musik den Abbau der Gehirnzellen bei älteren Menschen (7) ______________ kann. Allerdings ist es nicht (8) ______________, dass Musik den IQ (9) ______________. Auf jeden Fall aber (10) ______________ die meisten Menschen positiv auf Musik und die Stresshormone im Blut werden (11) ______________. Und wir alle wissen, dass sich unsere Laune (12) ______________, wenn wir unsere Lieblingsmusik (13) ______________.

5 Welches Adjektiv passt nicht in die Reihe? Streichen Sie durch.

1. ernst – grauenvoll – melancholisch – traurig – wehmütig
2. beschwingt – ermüdend – fröhlich – motivierend – schwungvoll
3. emotional – langweilig – leidenschaftlich – mitreißend – sinnlich
4. aggressiv – bezaubernd – erstklassig – fantastisch – harmonisch

6 Farben und Redewendungen. Was passt? Kombinieren Sie.

1. ____ ein schwarzes Schaf
2. ____ Rot sehen
3. ____ eine graue Maus
4. ____ schwarz wie die Nacht
5. ____ sich eine goldene Nase verdienen
6. ____ alles durch eine rosarote Brille sehen
7. ____ grün hinter den Ohren
8. ____ blauäugig

a leichtgläubig oder naiv
b vollkommen dunkel
c ein Außenseiter
d wütend sein
e sehr optimistisch sein
f ein unauffälliger Mensch
g sehr reich werden
h unerfahren

odule 2+4 **7 Viele Gefühle. Finden Sie zwölf Nomen im Buchstabensalat und ergänzen Sie.**

W	I	T	U	Y	I	Z	W	E	I	F	E	L	K	W
J	Q	R	H	M	D	H	H	Q	V	I	V	Q	P	U
D	J	A	N	W	A	H	R	H	E	I	T	H	N	T
F	H	U	F	G	S	X	D	O	A	P	R	D	M	E
R	H	E	O	N	H	N	H	O	F	F	N	U	N	G
E	W	R	G	E	V	C	R	O	L	F	Z	T	Y	Q
U	Q	U	R	I	V	M	I	T	G	E	F	Ü	H	L
D	Q	D	R	D	S	O	M	K	V	E	X	B	S	I
E	O	M	T	W	S	M	X	W	Z	L	M	L	E	K
K	R	A	N	K	H	E	I	T	Z	A	N	G	S	T

1. Ärger, Aggression ______________
2. Schmerz über einen Verlust ______________
3. Bedenken, Ungewissheit ______________
4. Gegenteil von Lüge ______________
5. Gefühl des Frohsein ______________
6. Missgunst, Eifersucht ______________
7. positive Erwartung ______________
8. Empathie ______________
9. Gegenteil von Gesundheit ______________
10. Gefühl der Bedrohung ______________

Redemittel

Modul 2 **8a Einen Text zusammenfassen und einen Kurzvortrag halten. Ordnen Sie die Buchstaben in den Redemitteln. Notieren Sie dann, was zu a) Aussagen wiedergeben, zu b) Beispiele nennen und zu c) Äußerungen bewerten gehört.**

1. ____ Ich möchte folgendes Beispiel ______________ (aheürfnn)
2. ____ In diesem ______________ (Xett) geht es um …
3. ____ Die ______________ (Hauaguastpse) des Textes ist …
4. ____ Dazu fällt mir folgendes ______________ (Ebeisilp) ein: …
5. ____ Im Text wird ______________ (buaetepht), dass …
6. ____ Ich halte diese ______________ (Umignen) für falsch, weil …
7. ____ Ich kann dem Text (nicht) ______________ (zmietusmn), weil …
8. ____ Meiner ______________ (Mnnuieg) nach …

b Lesen Sie den folgenden Text und entscheiden Sie, welches Redemittel aus 8a passt.

In diesem Text (1) ________________ die Farbe Gelb. Im Text (2) ________________, dass die Farbe Gelb das Sonnenlicht symbolisiert. Die (3) ________________ des Textes ist, dass die Farbe gelb eine positive Wirkung hat und den Intellekt anregt. Dazu wird folgendes (4) ________________: Die Sonne symbolisiert in vielen Kulturen die göttliche Intelligenz. Dazu fällt mir (5) ________________ ein: auch für den Maler Vincent van Gogh war Gelb das Symbol für die südliche Sonne, Heiterkeit, Freundschaft und Liebe. Aber ich (6) ________________ diese Meinung nur teilweise für richtig, denn es werden auch negative Vorstellungen mit der Farbe Gelb verbunden, zum Beispiel Egoismus, Geiz und Neid. (7) ________________ hängt das von den Gelbtönen ab, ob die Farbe positiv oder negativ wirkt.

Modul 4 **9 Verständnis zeigen, Tipps geben, Situationen einschätzen. Welches Redemittel passt, a oder b?**

Liebe Macarena,
in deiner letzten E-Mail hast du geschrieben, dass du jetzt ein interessantes Jobangebot in Chile bekommen hast, aber nicht weißt, ob du es annehmen sollst. Ich finde, das ist ein tolles Angebot! (1), dass es dir schwerfällt, eine Entscheidung zu treffen. (2) du vor so einer großen Veränderung ein bisschen zweifelst und zögerst. (3) das Für und Wider gut abwägst und versuchst, dir die verschiedenen Möglichkeiten vorzustellen. (4) dabei auch auf deine Gefühle achten: (5) du daran denkst, nach Chile zurückzukehren? (6) Frank reagieren? Würde er mitkommen? (7) das auch in die Entscheidung mit einzubeziehen. (8) die Entscheidung nicht zu lange aufschieben!
Lass bald wieder von dir hören!
Liebe Grüße, Gabriela

	a	b
1.	Ich kann gut verstehen …	Ich würde dir empfehlen …
2.	Welches Gefühl hast du z. B., wenn …	Ich finde es ganz normal, dass …
3.	Wie wäre es, wenn du …	Es ist verständlich, dass du …
4.	Wie geht es dir …	Du solltest …
5.	Welches Gefühl hast du, wenn …	Wie wäre es, wenn …
6.	Was sagt …	Wie würde …
7.	Ich rate dir …	Es ist verständlich, dass du …
8.	Ich würde dir empfehlen …	An deiner Stelle würde ich …

Modul 1

10a Nomen und Verben. Notieren Sie die Verben zu den folgenden Nomen.

1. das Spiel ____________
2. das Musizieren ____________
3. die Bedeutung ____________
4. der Fahrer ____________
5. die Liebe ____________
6. die Erlaubnis ____________
7. die Definition ____________
8. der Schlaf ____________

b Nominalisierung von Verben. Übernehmen Sie die Tabelle in Ihr Heft, bilden Sie Nomen zu den Verben aus dem Kasten und ordnen Sie sie ein. Achten Sie auf Vokalveränderungen.

~~ablenken~~ anpassen atmen beweisen empfinden erkennen folgen glauben helfen hören identifizieren konzentrieren leisten lernen motivieren nachweisen reagieren reizen tanzen verändern verwenden wählen wahrnehmen wirken

Verb ohne Endung	*das* + Infinitiv	*die* + *-ung*	*der* + *-er*	*die/der* + *-e*	*die/das* + *-(t)nis*	*die* + *-(t)ion*
		Ablenkung				

c Nominalisierung von Verben. Ergänzen Sie die Regel.

Akkusativergänzung Änderung groß Infinitve Neutrum Pluralformen Singular Suffix von

Alle (1) ____________ können ohne (2) ____________ der Form als Nomen verwendet werden. Das Nomen wird immer (3) ____________ geschrieben, ist immer (4) ____________ und steht immer im (5) ____________. Manche Verben können durch ein (6) ____________ nominalisiert werden. Diese Nomen können auch (7) ____________ bilden. Bei Verben mit Akkusativ wird die (8) ____________ auf zwei Arten umgeformt: mit Artikelwort steht der Genitiv, ohne Artikelwort steht (9) ____________ + Dativ.

d Welches Nomen passt? Kreuzen Sie an.

Das (1) [a] Lernen [b] Hören [c] Erkennen von Musik kann durchaus eine positive (2) [a] Unterstützung [b] Atmung [c] Wirkung auf unseren Körper und unseren Geist haben, auch wenn die (3) [a] Veränderung [b] Wahrnehmung [c] Erkenntnis von Musik oft unterbewusst stattfindet. So kommt es zu einer (4) [a] Entspannung [b] Folge [c] Erinnerung der Muskeln und zu einer (5) [a] Konzentration [b] Aktivierung [c] Erzeugung der Gehirntätigkeit, weshalb Musik auch beim (6) [a] Beweis [b] Lernen [c] Nachweis eine große (7) [a] Hilfe [b] Reaktion [c] Erkenntnis sein kann. Natürlich ist die (8) [a] Forschung [b] Motivation [c] Wahl des passenden Musikstücks wichtig. Musik mit Texten ist nicht gut für die (9) [a] Reaktion [b] Konzentration [c] Wirkung auf den Lernstoff.

11 Musik in der Werbung. Formulieren Sie Überschriften, indem Sie die Verben nominalisieren.

1. Musik wird auch in der Werbung verwendet.
2. Sie beeinflusst unsere Stimmung stark.
3. Sie löst Erinnerungen aus.
4. Mit Musik verankern sich Bilder besser in unseren Köpfen.
5. Wir assoziieren bestimmte Produkte mit einer ganz konkreten Musik.

Die Verwendung von Musik in der Werbung ...

Module 1+2 **12 Farbenfroh. Schreiben Sie die Sätze um, indem Sie die Verben im Nebensatz nominalisieren.**

1. Es ist unumstritten, dass Farben sich auf unser Wohlbefinden auswirken.
   Die Auswirkung von Farben auf unser Wohlbefinden ist unumstritten.
2. Niemand kann abstreiten, dass Farben unsere Emotionen beeinflussen.
   ____
3. Vielen Menschen ist es wichtig, ihre Individualität durch farbige Kleidung auszudrücken.
   ____
4. Es kommt häufig vor, dass Menschen die eigene Persönlichkeit durch bestimmte Farben unterstreichen.
   ____
5. Man kann mit Farben zeigen, dass man sich mit einer bestimmten gesellschaftlichen Gruppe identifiziert.
   ____
6. Besonders in der Geschäftswelt ist es wichtig, welche Farbe wir für unsere Kleidung wählen.
   ____

13 Bilden Sie Nomen. Was drücke ich aus, wenn ich …

1. empört bin: ____________
2. überrascht bin: ____________
3. freundlich bin: ____________
4. jemanden auffordere: ____________
5. interessiert bin: ____________
6. jemandem ermutige: ____________
7. jemandem etwas befehle: ____________
8. etwas nicht glaube: ____________

Modul 3 **14 Modalpartikeln. Finden Sie fünf Modalpartikeln in der Wortschlange.**

aberaufallesbeimachenmaldortdochsonstsoirgenwiejasondernweildennüberunterlos

15a Welches Gefühl bzw. welche Sprechintention aus Übung 13 passt zum Satz? Manchmal gibt es mehrere Möglichkeiten. Notieren Sie.

1. *1/8* Das ist doch nicht dein Ernst!
2. ______ Das ist aber ein schönes Foto!
3. ______ Sei doch endlich still!
4. ______ Was ist denn los?
5. ______ Das ist doch gar nicht so schwer.
6. ______ Was machst du denn so?
7. ______ Das ist doch eine Unverschämtheit.
8. ______ Das hätte ich ja nie gedacht!
9. ______ Probier mal. Das ist lecker!
10. ______ Bist du doch gekommen?
11. ______ Wo warst du denn gestern?
12. ______ Das kann man doch so nicht sagen!

b Überraschung, Empörung, Ungläubigkeit und Freundlichkeit. Welcher Satz passt?

1. Überraschung
   [a] „Das ist ja lieb von dir."
   [b] „Was ist denn hier los?"
2. Empörung
   [a] „Das ist ja das Allerletzte!"
   [b] „Das ist aber schön."
3. Ungläubigkeit
   [a] „Hier ist ja wirklich nichts los!"
   [b] „Ist hier eigentlich schon was los?"
4. Freundlichkeit
   [a] „Das ist doch keine Überraschung!"
   [b] „Das ist aber eine nette Überraschung."

c Ergänzen Sie in den folgenden Sätzen die Modalpartikeln.

1. Wo habt ihr euch kennengelernt? (denn) → ____________________
2. Weißt du das nicht? (denn) → ____________________
3. Ich habe es dir erzählt! (doch) → ____________________
4. Vielleicht hast du das vergessen. (ja) → ____________________
5. Ich kann es dir noch einmal erzählen. (aber) → ____________________
6. Wann hast du Zeit? (denn, mal) → ____________________
7. Das ist schade. (aber) → ____________________
8. Das ist eine gute Idee! (ja) → ____________________
9. Komm nächstes Wochenende zu mir! (doch) → ____________________

d Was drücken die Sätze in Übung 15c aus? Ordnen Sie zu.

a Vorschlag/Ermunterung: ____ c Ungläubigkeit/Empörung: ____ e Interesse: ____

b Bedauern: ____ d Freundlichkeit: ____ f Vermutung: ____

16a Das ist ja unglaublich! Welche/r Modalpartikel/n passt/passen? Kreuzen Sie an.

1. Du bist [a] aber [b] ja [c] denn unfreundlich!
2. Das kannst du [a] aber [b] doch [c] denn nicht einfach so sagen!
3. Was habe ich dir [a] ja [b] denn [c] doch getan?
4. Wir sind [a] ja [b] doch [c] mal Freundinnen!
5. Wieso bist du [a] denn [b] ja [c] mal so gereizt?
6. Beruhige dich [a] ja [b] aber [c] doch endlich!
7. Lass uns [a] aber [b] doch [c] ja in Ruhe darüber reden!
8. Ich mache uns jetzt [a] aber [b] ja [c] mal einen Kaffee.
9. Setz dich [a] denn [b] ja [c] doch!
10. So wütend habe ich dich [a] ja [b] aber [c] denn noch nie gesehen.

b Ein Telefongespräch. Welche Modalpartikel passt? Markieren Sie.

● Hallo Gabriela, hier ist Macarena. Hast du (1) [a] mal [b] ja einen Augenblick Zeit für mich? Ich muss unbedingt (2) [a] mal [b] aber mit dir sprechen.

○ Hallo Macarana! Klar habe ich Zeit! Aber worum geht es (3) [a] doch [b] denn?

● Gestern haben Frank und ich uns furchtbar gestritten. Das war (4) [a] denn [b] doch noch nie vorgekommen. Eigentlich wollte ich mich (5) [a] ja [b] mal gar nicht streiten, aber dann bin ich (6) [a] doch [b] denn total wütend geworden. Frank hört (7) [a] ja [b] denn nie auf zu arbeiten. Aber wir wollten (8) [a] denn [b] doch ins Kino gehen! Du weißt (9) [a] ja [b] mal, dass er auf dem Hof nie ein Ende findet.

○ Ach, Macarena, das ich (10) [a] ja [b] denn schrecklich!

● Ja, ich hatte mich (11) [a] aber [b] doch so gefreut! Das geht (12) [a] denn [b] doch nicht, dass der Hof immer vorgeht. Wann haben wir (13) [a] ja [b] denn schon einmal Zeit füreinander?

○ Macarena, ich kann dich (14) [a] aber [b] ja gut verstehen. Aber hab (15) [a] doch [b] denn ein bisschen Geduld. Du musst dich (16) [a] mal [b] ja erst einmal an dein neues Leben gewöhnen. Hast du dich (17) [a] aber [b] denn schon bei ihm für deinen Wutausbruch entschuldigt?

● Nein, wie soll ich das (18) [a] aber [b] denn machen? Ach, Gabriela, ich bin (19) [a] ja [b] mal so unglücklich!

○ Geh (20) [a] aber [b] doch einfach zu ihm und erzähle ihm (21) [a] mal [b] denn, wie du dich fühlst.

● Gabriela, es tut (22) [a] ja [b] denn so gut, mit dir zu sprechen!

Wortschatz-Hitparade

Nomen

der Ärger *Sg.* ____________________
die Atmung *Sg.* ____________________
das Bedauern *Sg.* ____________________
das Bedenken, – ____________________
die Bedrohung, -en ____________________
die Empörung, -en ____________________
die Erkenntnis, -se ____________________
die Ermutigung, -en ____________________
das Gefühl, -e ____________________
der Geiz *Sg.* ____________________
die Heiterkeit *Sg.* ____________________
die Herzlosigkeit, -en ____________________
die Laune, -n ____________________
die Missgunst *Sg.* ____________________
der Nachweis, -e ____________________
der Neid *Sg.* ____________________
das Rauschen *Sg.* ____________________
der Reiz, -e ____________________
die Stimmung, -en ____________________
die Ungewissheit, -en ____________________
der Verlust, -e ____________________
die Verwunderung *Sg.* ____________________
das Vorstellungsvermögen *Sg.* ____________________
die Wahrnehmung, -en ____________________
die Wirkung, -en ____________________
das Wohlbefinden *Sg.* ____________________
der Wutausbruch, ”-e ____________________

Verben

ablenken ____________________
abstreiten ____________________
achten (auf) ____________________
anpassen (an) ____________________
auffordern ____________________
aufschieben ____________________
auslösen ____________________
beeinträchtigen ____________________
erhöhen ____________________
leisten ____________________
lindern ____________________
symbolisieren ____________________
überwinden ____________________
verankern ____________________
zögern ____________________
zweifeln ____________________

Adjektive

bescheiden ____________________
beschwingt ____________________
bezaubernd ____________________
empört ____________________
ermüdend ____________________
farbenfroh ____________________
grauenvoll ____________________
leichtgläubig ____________________
neugierig ____________________
räumlich ____________________
schüchtern ____________________
überrascht ____________________
unterbewusst ____________________
wehmütig ____________________

Andere Wörter

allerdings ____________________
durchaus ____________________
eigentlich ____________________
unbedingt ____________________

17 **Welches Nomen passt? Ergänzen Sie es in der richtigen Form.**

das Bedauern	das Bedenken	das Gefühl	die Stimmung	die Ungewissheit	die Wirkung

1. Ich möchte es endlich erfahren. Ich halte diese ______________________ nicht mehr aus.
2. Welches ______________________ löst diese Musik bei dir aus?
3. Diese Musik versetzt mich immer in eine melancholische ______________________.
4. Das tut mir wirklich leid für dich. Ich möchte dir hiermit mein ______________________ ausdrücken.
5. So ganz bin ich immer noch nicht überzeugt. Ich habe da so meine ______________________.
6. Man sagt, dass Blau entspannend ist. Hat Blau auf dich auch diese ______________________?

18 **Ergänzen Sie das passende Nomen, Adjektiv und/oder Verb. Benutzen Sie, wenn nötig, ein Wörterbuch.**

	Nomen	Adjektiv	Verb
1.		ärgerlich	
2.		bedauerlich	
3.			symbolisieren
4.			geizen
5.		heiter	
6.	die Überwindung		
7.		gereizt	
8.			sich empören
9.	die Überraschung		
10.			beneiden

19 **Wichtige Ausdrücke und Sätze. Schreiben Sie in Ihrer Sprache.**

Welches Gefühl hast du, wenn … ______________________

Ich kann gut verstehen, dass … ______________________

Ich an deiner Stelle würde … ______________________

Ich habe das Für und Wider abgewogen. ______________________

Das ist doch nicht dein Ernst. ______________________

Das ist ja unglaublich! ______________________

20 **Wörter und Sätze, die Sie wichtig finden:**

Deutsch:	Ihre Sprache:
______________________	______________________
______________________	______________________
______________________	______________________
______________________	______________________

21 **Mein Text. Ein/e Freund/in möchte ein Instrument lernen, kann sich aber nicht entscheiden. Schreiben Sie ihm/ihr eine E-Mail und geben Sie Tipps, die ihm/ihr helfen, eine Entscheidung zu finden.**

Ein Blick in die Zukunft

Auftakt **1** **Ein Blick in die Zukunft. Was passt zusammen? Ergänzen Sie.**

istisch	keit	los	lösung	orientiert	schritt	schritt	stand	tät	tik

1. Fort__________
2. Bequemlich__________
3. Hek__________
4. Still__________
5. Rück__________
6. Problem__________
7. zukunfts__________
8. futur__________
9. aussichts__________
10. Kontinui__________

2a **In Zukunft. Was passt nicht? Streichen Sie durch.**

in absehbarer … in alter … in naher …

in ferner … **… Zukunft** in ständiger …

in gleicher … in nächster …

b **Komposita mit Zukunft. Wie heißt das Wort?**

1. Wenn ich alles, was ich mit der Zukunft verbinde, als Bedrohung empfinde, dann habe ich Zukunfts____________ (asgtn).
2. Wenn ich mir für die nahe oder ferne Zukunft etwas vornehme, dann schmiede ich Zukunfts__________ (päeln).
3. Wenn ich meine Situation in naher und ferner Zukunft als aussichtslos erlebe, dann habe ich keine Zukunfts______________ (peiserkvept).
4. Wenn ich meine Zukunft zielstrebig und tatkräftig plane, dann besitze ich Zukunfts______________ (oeriuirgtnne).
5. Eine Utopie oder Vorstellung, die die Zukunft betrifft, ist eine Zukunfts______________ (voisin).

d **Welche Zukunftspläne, Zukunftsvisionen oder Zukunftsängste haben Sie? Schreiben Sie.**

____

____

____

Modul 1 **3** **Was kann man …? Ergänzen Sie die Mindmaps.**

4 Werden Roboter in Zukunft die Menschen ersetzen? Welches Wort passt? Kreuzen Sie an.

In Zukunft werden viele Tätigkeiten von Robotern (1) [a] übernommen [b] vertreten werden, so (2) [a] lauten [b] stimmen die Prognosen. Schon jetzt können Roboter viele Tätigkeiten (3) [a] steuern [b] ausführen, und zwar besser als Menschen. Sie (4) [a] passen [b] kommen nicht nur auf das Haus (5) [a] auf [b] an, sondern sie (6) [a] erkennen [b] erledigen auch die Haus- und Gartenarbeit wie Kaffee kochen, staubsaugen und Rasen (7) [a] mähen [b] aufwärmen. Im Krankenhaus (8) [a] lösen [b] führen sie präzise chirurgische Eingriffe (9) [a] auf [b] durch, in der Fabrik (10) [a] übertragen [b] bauen sie Autos, in Seniorenheimen (11) [a] zeigen [b] pflegen sie alte Menschen. Und sie werden immer besser mit den Menschen (12) [a] inspizieren [b] interagieren können. Man (13) [a] forscht [b] überlegt bereits an Robotern, die Gefühle (14) [a] erkennen [b] vorstellen können. Diese sollen dann zum Beispiel im Unterricht (15) [a] eingeleuchtet [b] eingesetzt werden.

Modul 2 **5 Medizinerdeutsch. Welches Wort passt nicht in die Reihe? Streichen Sie durch.**

1. eine Krankheit	behandeln – bekämpfen – bekommen – bündeln – diagnostizieren
2. Medikamente	aufnehmen – dosieren – einnehmen – einstellen – verschreiben
3. den Puls	anzeigen – checken – fühlen – messen – nehmen – wiegen
4. den Patienten	aufklären – aufkommen – beraten – betreuen – informieren – untersuchen
5. Schmerzen	beschreiben – bekämpfen – benachrichtigen – lindern – lokalisieren

Modul 3 **6 Berufswelt. Lösen Sie das Kreuzworträtsel.**

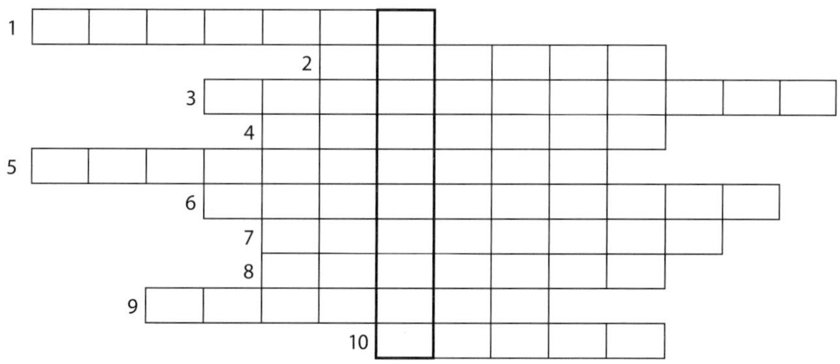

1. die Zeit, die erst noch kommt
2. die berufliche Tätigkeit
3. der Angehörige eines Betriebs
4. Lernender an einer Universität
5. persönlicher Einsatz
6. wenn man einen Beruf lernt, macht man eine …
7. anpassungsfähig und beweglich
8. ein beruflicher Sektor, ein Fachgebiet
9. anderes Wort für Examen
10. Betrieb, Unternehmen

Modul 4 **7a Ausdrücke mit Zukunft. Was gehört zusammen. Ordnen Sie zu.**

1. ___ einen Blick in die Zukunft
2. ___ auf eine rosige Zukunft
3. ___ sich die Zukunft
4. ___ gute Aussichten für die Zukunft
5. ___ an die Zukunft
6. ___ in ferner Zukunft

a denken
b haben
c hoffen
d liegen
e verbauen
f werfen

b Was wird sich in Zukunft alles verändern? Finden Sie acht Begriffe in der Wortschlange.

ARBEITSWELTALLTAGGESCHÄFTELERNENVERKEHRSMITTELFREIZEITTECHNIKPRODUKTE

c Was die Zukunft bringt. Wählen Sie ein Thema aus Übung 7b und schreiben Sie fünf Sätze.

Modul 1 **8 Argumente austauschen. Setzen Sie das passende Wort ein (vgl. Redemittel, Lehrbuch Aufgabe 2c).**

Aspekt	Argument	denken	einleuchtend	genau	meinen	sagen	sinnvoll	vergessen	zu	zwar

1. Das stimmt ____________, aber …
2. Ich finde, ein wichtiger ____________ ist …
3. Ein anderes ____________ dafür ist, …
4. Es ist sicherlich ____________, dass …
5. Man muss auch daran ____________, dass …
6. Und man darf nicht ____________, dass …
7. Wie ____________ Sie das ____________?
8. Ihre Argumente finde ich ____________.
9. Das kann man zwar ____________, aber …
10. Ich stimme Ihnen ____________, dass …

Modul 2 **9 Ein Vortrag über die Arbeitswelt der Zukunft. Bringen Sie die Teile der Präsentation in eine sinnvolle Reihenfolge.**

____ a Nun möchte ich mich der zweiten Folie zuwenden: Hier geht es um die Arbeitsbedingungen. Wie Sie sehen, wird es auch hier Änderungen geben.

__1__ b In meinem Vortrag geht es um Prognosen zur Arbeitswelt der Zukunft.

____ c Zum Schluss möchte ich noch auf die Tatsache eingehen, dass man viel in die eigene Weiterbildung investieren muss, um wettbewerbsfähig zu bleiben.

____ d Hier erkennt man deutlich, dass die Selbstständigkeit das Arbeitsmodell der Zukunft ist. Soweit zur ersten Folie.

____ e Als Erstes spreche ich nun über die Zunahme der selbstständigen Tätigkeit. Auf dieser Folie finden Sie dazu einige Zahlen.

____ f Dann thematisiere ich die Arbeitsbedingungen der Zukunft.

____ g Vielen Dank für Ihre Aufmerksamkeit. Gibt es noch Fragen?

____ h In meiner Präsentation möchte ich auf drei wesentliche Punkte eingehen. Zuerst auf die Tatsache, dass die Selbstständigkeit immer stärker zunimmt.

____ i Im dritten Teil geht es um die Notwendigkeit, sich heutzutage permanent fortzubilden.

Modul 4 **10 Frank hat an einem Seminar teilgenommen und schreibt einen Beschwerdebrief. Was passt?**

Sehr geehrte Damen und Herren,

1. [X] ich habe aufgrund Ihrer Anzeige an dem Seminar zum Thema „Die Zukunft der Landwirtschaft" teilgenommen und schreibe Ihnen nun, weil ich sehr enttäuscht bin.
   [b] ich interessiere mich für Ihr Seminarangebot zum Thema „Die Zukunft der Landwirtschaft".
2. [a] Ich finde Ihre Ankündigung zum Seminar völlig unangebracht.
   [b] Die Erwartungen, die Sie durch Ihre Ankündigung des Seminars geweckt haben, waren sehr hoch.
3. [a] Leider erfüllte das Seminar aber in keinster Weise diese Erwartungen.
   [b] Ich erwarte, dass Sie das Seminar wie angekündigt durchführen.
4. [a] Ich finde gut, dass der Teilnehmerkreis so klein ist und freue mich auf einen interessanten Abend.
   [b] Meines Erachtens ist es nicht in Ordnung, dass Sie statt der angekündigten 10 Teilnehmer über 40 Teilnehmer zugelassen haben.
5. [a] Deshalb möchte ich Sie hiermit auffordern, mir 50 % des Seminarpreises zurückzuerstatten.
   [b] Ich muss Sie daher bitten, bald wieder ein derartiges Seminar anzubieten.

Mit freundlichen Grüßen
Frank Geiger

Modul 1 **11a Partizipien. Ergänzen Sie die Regel mit den Wörtern aus dem Kasten.**

aktive Adjektive gleichzeitig Informationen Nomen passive Relativsätze vor Vorgänge

Partizipien können als (1) ______________ gebraucht werden und geben dann nähere (2) ______________ zu (3) ______________. Partizipien kann man durch (4) ______________ wiedergeben. Beim Partizip I bezeichnen die Relativsätze (5) ______________ Handlungen oder Vorgänge, die (6) ______________ mit der Haupthandlung des Satzes passieren. Beim Partizip II bezeichnen die Relativsätze (7) ______________ Handlungen oder (8) ______________, die gleichzeitig mit oder (9) ______________ der Haupthandlung des Satzes passieren.

b Bilden Sie das Partizip I und das Partizip II zu folgenden Verben.

Infinitiv	Partizip I	Partizip II
1. arbeiten	*arbeitend*	*gearbeitet*
2. einschränken		
3. ermüden		
4. erledigen		
5. kosten		
6. lernen		
7. sparen		
8. aufräumen		

c Die fleißigen Roboter. Partizip I oder Partizip II? Setzen Sie die Partizipien aus 11b ein.

1. die fleißig ______________ Roboter
2. körperlich ______________ ältere Menschen
3. die ______________ Tätigkeiten
4. die präzise ______________ Arbeiten
5. die Zeit ______________ Haushaltsarbeit
6. die ______________ Aufgaben
7. der Zeit ______________ Einsatz von Robotern
8. die ______________ Wohnung

d Bilden Sie Relativsätze mit fünf Angaben aus Übung 11c und ergänzen Sie die Sätze.

1. Roboter, die fleißig arbeiten, wünscht sich jeder für seinen Haushalt.

12a Hobbit, der Pflegeroboter. Partizip I oder II? Was ist richtig? Kreuzen Sie an.

Ein menschenähnlich (1) [a] aussehendes [b] ausgesehenes und noch dazu (2) [a] geholfenes [b] helfendes Wesen, das ist längst nicht mehr (3) [a] geträumte [b] träumende Zukunftsvision. Der in Wien (4) [a] entwickelte [b] entwickelnde Prototyp des für (5) [a] pflegende [b] gepflegte Tätigkeiten einsetzbaren Roboters Hobbit soll schon in den (6) [a] kommenden [b] gekommenen Jahren serienmäßig produziert werden. Der an Testpersonen und in realen Wohnungen (7) [a] erprobende [b] erprobte Roboter ist schon fast ein (8) [a] fühlendes [b] gefühltes Wesen, denn er soll auch Emotionen zeigen können. Aber vor allem soll Hobbit für alte Menschen im Haushalt (9) [a] unterstützende [b] unterstützte Tätigkeiten ausführen. Der mit einem Touchscreen (10) [a] ausstattende [b] ausgestattete Roboter kann sowohl durch Gesten oder durch Sprache (11) [a] empfangende [b] empfangene Befehle ausführen. Die (12) [a] erzielenden [b] erzielten Ergebnisse seien bemerkenswert, sagen die (13) [a] leitenden [b] geleiteten Projektteilnehmer.

b Schreiben Sie einen Kommentar zum Thema: Können Roboter Pflegepersonal ersetzen?

c Robotik in der Landwirtschaft. Formen Sie die Relativsätze um. Benutzen Sie ein Partizip I oder II.

1. Von vielen Höfen kennen wir bereits Roboter, die die Kühe melken oder die Erdbeeren pflücken.

   ____

2. Aber auch für andere Robotersysteme gibt es eine Nachfrage, die ständig steigt.

   ____

3. Wenig bekannt ist bisher der Agrarroboter „Prospero", der vornehmlich auf dem Feld eingesetzt wird.

   ____

4. Schon 2011 setzten die Japaner unbemannte Helikopter ein, die Pestizide versprühen. Das sind Drohnen, die besonders für den Einsatz an steilen Weinbergen geeignet sind.

   ____

   ____

5. Die Automatisierung in der Landwirtschaft, die sich ständig weiterentwickelt, ist genauso fortgeschritten wie die Automatisierung in der Autoindustrie, die von der Presse so stark beachtet wird.

   ____

   ____

Modul 3 **13a Berufswelt der Zukunft. Wie passen die Sätze zusammen?**

1. ____ Während die Meteorologen das Wetter vorhersagen können, …
2. ____ Während man eine Ausbildung macht, …
3. ____ Während junge Menschen ein Praktikum in einem Unternehmen machen, …
4. ____ Während Männer an ihrer Karriere basteln, …
5. ____ Während sie noch studieren, …
6. ____ Während häufig behauptet wird, die Zukunft der Arbeitswelt sei weiblich, …

a … arbeiten Frauen überwiegend nur in Teilzeit.
b … ist es für Frauen oft schwierig, sich gleichzeitig um ein Kind zu kümmern.
c … kann niemand eindeutige Prognosen über die Zukunft der Berufswelt aufstellen.
d … können sie viel über den Arbeitsalltag in einem Betrieb erfahren.
e … leiden immer noch viele Frauen unter der Unvereinbarkeit von Familie und Beruf.
f … sollte man auf jeden Fall praktische Erfahrung sammeln.

b Bestimmen Sie die Bedeutung von *während* in den Sätzen aus 13a: temporal (Zeit) oder adversativ (Gegensatz)?

a temporal (Zeit): ____________ b adversativ (Gegensatz): *1*

14 Finden Sie zehn Präpositionen in der Wortschlange. Übernehmen Sie die Tabelle in Ihr Heft und ordnen Sie zu: Welche sind temporal (Zeit), welche lokal (Ort), welche kausal (Grund/Folge) und welche konzessiv (Gegengrund)?

angesichtsanlässlichaufgrundaußerhalbdankinnerhalbinfolgetrotzwegenwährend

temporal (Zeit)	lokal (Ort)	kausal (Grund/Folge)	konzessiv (Gegengrund)

15 Der Genitiv. Ergänzen Sie die Tabelle.

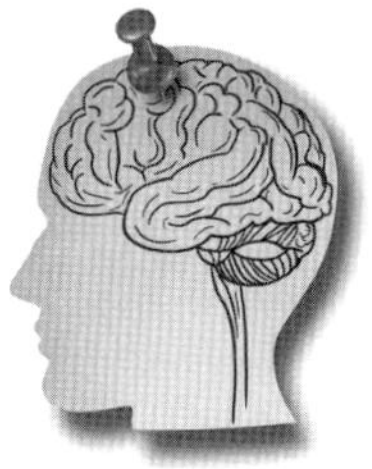

Maskulin	Feminin	Neutrum	Plural
des			
	dieser		
		eines	

16a Die Arbeit der Zukunft. Welche Präposition oder Präpositionen passen? Unterstreichen Sie und ergänzen Sie den passenden Artikel.

1. Infolge – Wegen – Während _______ neuen Technologien wird unsere Kommunikation immer virtueller.
2. Dank – Trotz – Während _______ Angebotsmärkte immer globaler werden, werden die Nachfragemärkte immer individueller.
3. Haben wir infolge – aufgrund – außerhalb _______ Entwicklungen die Möglichkeit, unsere Arbeit flexibler zu gestalten?
4. Oder müssen wir zukünftig trotz – wegen – während _______ wachsenden Ansprüche rund um die Uhr verfügbar sein?
5. Leider gehen oft trotz – wegen – anlässlich _______ hohen Virtualität der Kommunikation wichtige persönliche Kontakte unter Arbeitskollegen verloren.
6. Wie können wir es schaffen, außerhalb – wegen – trotz _______ Virtualisierung ein Gefühl der Zusammengehörigkeit unter Kollegen zu schaffen?
7. Nicht nur innerhalb – aufgrund – trotz _______ Virtualisierung sondern auch infolge – während – anlässlich _______ demografischen Wandels wird sich das Wirtschaftsleben in Deutschland dank – innerhalb – infolge _______ kürzester Zeit ändern.
8. Trotz – außerhalb – anlässlich _______ Zukunftsforums hat das Fraunhofer-Institut für Arbeitswirtschaft und Organisation IAO eine Broschüre zu diesem Thema veröffentlicht.

odule 1+ 3

b Ein Zeitungsartikel zum Thema „Berufe der Zukunft". Welches Wort passt? Kreuzen Sie an.

_(1)_ viele _(2)_ Berufe _(3)_ der Wirtschaftskrise an Bedeutung verloren haben, gibt es für mathematisch und naturwissenschaftlich _(4)_ Menschen weiterhin gute Berufsperspektiven. Auch kommt es _(5)_ vieler Berufsfelder zu Überalterung. Viele _(6)_ zur Zeit _(7)_ Lehrer, Ärzte oder Ingenieure werden in _(8)_ Zukunft pensioniert werden. Auch gibt es _(9)_ der niedrigen Studentenzahlen viel zu wenig Ingenieure für Energietechnik mit _(10)_ Studium. Und _(11)_ vieler Datenskandale hat man erkannt, dass gut _(12)_ IT-Sicherheitstechniker/innen fehlen. _(13)_ die Lebenserwartung der Menschen steigt, werden in Deutschland immer weniger Kinder geboren. Nicht zuletzt _(14)_ dieser Entwicklung stehen wir vor dem noch _(15)_ Problem des Pflegkräftemangels.

1. [a] Dank [b] Trotz [c] Während
2. [a] bekannte [b] bekennende [c] zu bekennende
3. [a] außerhalb [b] dank [c] infolge
4. [a] interessante [b] interessierende [c] interessierte
5. [a] außerhalb [b] dank [c] innerhalb
6. [a] den [b] der [c] die
7. [a] arbeiten [b] arbeitenden [c] gearbeiteten
8. [a] abgesehenen [b] absehbarer [c] absehender
9. [a] außerhalb [b] innerhalb [c] wegen
10. [a] abgeschlossenem [b] abschließendem [c] schließendem
11. [a] aufgrund [b] außerhalb [c] trotz
12. [a] ausbilden [b] ausbildende [c] ausgebildete
13. [a] Dank [b] Infolge [c] Während
14. [a] anlässlich [b] aufgrund [c] innerhalb
15. [a] gelösten [b] lösenden [c] ungelösten

Wortschatz-Hitparade

Nomen

der Angebotsmarkt, ¨-e		das Pestizid, -e	
der Anspruch, ¨-e		die Pflegekraft, ¨-e	
die Automatisierung, -en		die Prognose, -n	
der Bedarf *meist Sg.*		der Prototyp, -en	
die Bedrohung, -en		der Roboter, –	
der Befehl, -e		die Robotik *Sg.*	
das Berufsfeld, -er		die Technologie, -n	
die Drohne, -n		die Testperson, -en	
das Fachgebiet, -e		die Unvereinbarkeit, -en	
der Fortschritt *Sg.*		die Virtualisierung, -en	
die Kontinuität *Sg.*		die Vision, -en	
die Lebenserwartung, -en		der Wandel *Sg.*	
die Nachfrage, -n		das Wesen, –	
die Notwendigkeit, -en		die Zusammengehörigkeit, *Sg.*	
die Perspektive, -n			

Verben

auffordern		einleuchten	
aufklären		einschränken	
ausführen		erkennen	
auslösen		erzielen	
ausstatten		inspizieren	
beachten		lindern	
decken		zuwenden	

Adjektive

absehbar		tatkräftig	
anpassungsfähig		unbemannt	
aussichtslos		unermüdlich	
bemerkenswert		verfügbar	
demografisch		vornehmlich	
fern		wettbewerbsfähig	
futuristisch		zielstrebig	
präzise		zukunftsweisend	

Andere Wörter

heutzutage		hiermit	

17 Welche Wörter aus der Hitparade assoziieren Sie mit dem Thema „Zukunft"?

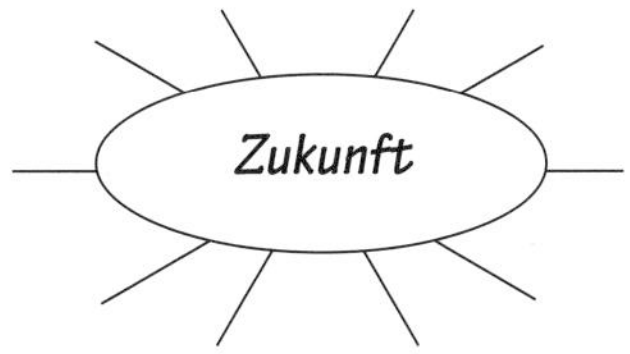

18 Welches Wort hat eine ähnliche Bedeutung? Ergänzen Sie die Tabelle mithilfe der Hitparade.

	ähnliche Bedeutung		ähnliche Bedeutung
1. die Gefahr		8. die Weiterentwicklung	
2. die Vorhersage		9. ausrüsten	
3. erreichen		10. resolut, energisch	
4. das Pflanzenschutzmittel		11. ausdauernd	
5. die Beständigkeit		12. der Zukunftsentwurf	
6. untersuchen		13. avantgardistisch	
7. die Veränderung		14. konkurrenzfähig	

19 Wichtige Ausdrücke und Sätze. Schreiben Sie in Ihrer Sprache.

Es ist dringend notwendig, dass … ______

Es ist (nicht) absehbar, dass … ______

Nicht zuletzt wegen / aufgrund / infolge … ______

Deshalb möchte ich Sie hiermit auffordern … ______

Das sind ja rosige Aussichten! ______

Wie meinen Sie das genau? ______

20 Wörter und Sätze, die Sie wichtig finden:

Deutsch:

Ihre Sprache:

21 Mein Text. Sie haben an einem Wochenendseminar zum Thema „Zeitmanagement" teilgenommen. Aber Sie waren unzufrieden mit der hohen Teilnehmerzahl, der unerfahrenen Seminarleitung, der schlechten Unterbringung und dem überhöhten Preis. Schreiben Sie einen Beschwerdebrief.

Lösungen

Kapitel 1 Heimat ist ...

1a sehen: die Aussicht, der Blick, farbenfroh, weit
riechen: aromatisch, der Duft, fremd, der Geruch, intensiv, süßlich, vertraut
hören: das Geräusch, der Lärm, laut, leise;
spüren/fühlen: geborgen, das Gefühl, fremd, intensiv, sicher
schmecken: aromatisch, herb, der Geschmack, intensiv, salzig, süßlich

1b 1. vertraut, 2. aromatisch, 3. weit, 4. herb, 5. der Duft, 6. der Lärm

3 1. a, 2. e, 3. c, 4. h, 5. d/g, 6. d/g, 7. b, 8. f

4 1. Vertrautheit, 2. Landessprache, 3. multikulturelle, 4. Muttersprache, 5. Fremdsprache, 6. anerkannt, 7. Identität, 8. vielsprachig

5 1. die Arbeitslosenquote, 2. die Chancengleichheit, 3. die Herausforderung, 4. die Hochschulreife, 5. der Kampfgeist, 6. der Migrationshintergrund, 7. Schwerpunkt , 8. der Staatsbürger, 8. das Zuwanderungsland

6 1. a, 2. d, 3. c, 4. b

7a 1. hilfreich, 2. ähnlich, 3. geteilt, 4. problematisch, 5. erstaunlich, 6. anders, 7. entscheidend, 8. nützlich, 9. überraschend, 10. positiv

7b 1. entscheidender; 2. positiv, problematisch; 3. ähnlich, anders; 4. geteilter, 5. erstaunlich, überraschend; 6. nützlich, hilfreich

7c etwas vergleichen: 3; Meinung äußern: 4, 5, 6; Vor- und Nachteile nennen: 1, 2

8 1. c, 2. b, 3. c, 4. c, 5. b, 6. a

9a 2. Ich könnte mir vorstellen, dass wir bei schönem Wetter im Hof grillen. 3. Was hältst du von folgendem Vorschlag: Wir singen ein deutsches Lied? 4. Ich hätte da noch eine Idee: Alle stellen Musik aus dem eigenen Land vor.

10a 1. c, 2. a, 3. b, 4. a, 5. c, 6. a, 7. b, 8. c, 9. a, 10. c, 11. c, 12. b, 13. c, 14. b, 15. c

10b Damals in Chile habe ich eigentlich von einem Jurastudium geträumt. Gleich danach wollte ich mich dann bei einer internationalen Firma um eine Stelle als juristische Beraterin bewerben. Schon in der Schule habe ich mich gewissenhaft auf das Studium vorbereitet. Aber manchmal hat das Leben anscheinend etwas anderes mit uns vor. Nie hätte ich auch nur ansatzweise mit dem gerechnet, was dann passierte. Für ein paar Tage wollte ich mich vom Schulstress erholen und am Strand in Viña del Mar habe ich mich Hals über Kopf in Frank verliebt. Anfangs habe ich ihn für einen US-Amerikaner gehalten. Aber auf Englisch erzählte er mir dann von seiner Heimat: Bayern. Von diesem Land hatte ich bisher noch nie etwas gehört. Mitten am Strand bat er mich spontan darum, ihn dort zu besuchen. Wahrscheinlich aus Furcht haben mich Freunde und Familie eindringlich vor der Reise gewarnt, aber glücklicherweise habe ich nicht auf sie gehört. Aus Liebe lebe ich nun schon zwölf Jahre hier, worüber sich manche immer noch wundern.

10c Ich habe damals in Chile eigentlich von einem Jurastudium geträumt. Ich wollte mich gleich danach bei einer internationalen Firma um eine Stelle als juristische Beraterin bewerben. Ich habe mich schon in der Schule gewissenhaft auf das Studium vorbereitet. Das Leben hat aber manchmal anscheinend etwas anderes mit uns vor. Ich hätte nie auch nur ansatzweise mit dem gerechnet, was dann passierte. Ich wollte mich für ein paar Tage vom Schulstress erholen und ich habe mich am Strand von Viña del Mar Hals über Kopf in Frank verliebt. Ich habe ihn anfangs für einen US-Amerikaner gehalten. Er erzählte mir dann aber auf Englisch von seiner Heimat: Bayern. Ich hatte bisher noch nie von diesem Land gehört. Er bat mich mitten am Strand spontan darum, ihn dort zu besuchen. Freunde und Familie haben mich wahrscheinlich aus Furcht eindringlich vor der Reise gewarnt, aber ich habe glücklicherweise nicht auf sie gehört. Ich lebe nun schon zwölf Jahre aus Liebe hier, worüber manche sich immer noch wundern.

10d 1. um, 2. sie, 3. mit, 4. ihnen, 5. vor, 6. davor, 7. unter, 8. damit, 9. ihn, 10. damit, 11. sie, 12. gegen, 13. um, 14. sie,15. von, 16. zu, 17. darüber, 18. daran

10e 1. Wir haben vor elf Jahren im Familienkreis auf einer Insel im Bodensee geheiratet. 2. Ich musste ganz früh am Morgen wegen der Familientradition im Haus meiner Schwiegereltern eine Tracht anziehen. 3. Vom Hochzeitsessen bekam ich am Nachmittag aus Ärger ganz plötzlich eine Allergie. 4. Am liebsten wäre ich auf der Stelle mit dem nächsten Flugzeug nach Chile zurückgeflogen. 5. Mein Schwager hat uns den ganzen Tag lang mit einer altmodischen Kamera überall gefilmt. 6. Ich habe mich am Anfang nur langsam in meiner neuen Heimat eingelebt.
temporal: 1. vor elf Jahren, 2. ganz früh am Morgen, 3. am Nachmittag, 4. auf der Stelle, 5. den ganzen Tag lang, 6. am Anfang;
kausal: 2. wegen der Familientradition, 3. aus Ärger;

modal: 1. im Familienkreis, 3. ganz plötzlich, 4. mit dem nächsten Flugzeug, am liebsten, 5. mit einer altmodischen Kamera, 6. nur langsam
lokal: 1. auf einer Insel, im Bodensee, 2. im Haus meiner Schwiegereltern, 4. nach Chile, 5. überall, 6. in meiner neuen Heimat

10f 1. Vor elf Jahren haben wird im Familienkreis auf einer Insel im Bodensee geheiratet. 2. Wegen der Familientradition musste ich ganz früh am Morgen im Haus meiner Schwiegereltern eine Tracht anziehen. 3. Ganz plötzlich bekam ich vom Hochzeitsessen am Nachmittag aus Ärger eine Allergie. 4. Auf der Stelle wäre ich am liebsten mit dem nächsten Flugzeug nach Chile zurückgeflogen. 5. Überall hat uns mein Schwager den ganzen Tag lang mit einer altmodischen Kamera gefilmt. 6. Nur langsam habe ich mich am Anfang in meiner neuen Heimat eingelebt.

11 Als junges Mädchen hatte ich ↓3. *(immer)* Fernweh. Ich dachte, man könnte ↓12. *(überall)* auf der Welt zu Hause sein. Und ↓5. *(immer schon)* wollte ich einmal eine Auslandsreise machen. Bei meiner ersten Reise nach Deutschland waren ↓1. *(alle)* sehr besorgt. Aber ↓9. *(niemand)* konnte mich davon abhalten. Trotzdem hätte ich ↓8. *(nie)* gedacht, dass man sich so alleine fühlen kann. Ich war ↓10. *(noch nie)* so einsam gewesen, wie hier in den bayrischen Bergen. Hast du so etwas ↓11. *(schon einmal)* erlebt? Ich denke ↓4. *(immer noch)* an Chile, aber ich vermisse meine alte Heimat ↓6. *(nicht mehr)*. Und in den elf Jahren habe ich ↓2. *(etwas)* gelernt: Es gibt ↓7. *(nichts)*, wovor man kapitulieren sollte.

12 abeiderdesdiediserfreigehellinkaltleerleiderlos meinmissmagmehrnichtnienonoderseinunver

13a 1. Nein, ich habe im Ausland keine interessanten Erfahrungen gemacht. 2. Nein, ich brauchte kein Visum für die Einreise. 3. Nein, ich würde nicht gerne auswandern. 4. Nein, meine Erwartungen an das Land haben sich nicht erfüllt.

13b 1. c, 2. c, 3. c, 4. a, 5. b, 6. c, 7. b, 8. b, 9. b, 10. a

13c 1. niemand/keiner, 2. nichts, 3. Desinteresse, 4. unverständlich – irreal, 5. noch nirgends, 6. ungeduldig – nonverbalen

14 2. Fremde Menschen sprechen sich normalerweise nicht mit „Du" an. 3. Bei Verabredungen sollte man nie zu spät kommen. 4. Wenn Ihr Gastgeber mit Ihnen spricht, sollten Sie nicht wegschauen. Es gehört zum guten Ton, Interesse zu zeigen. 5. Es ist nicht typisch/untypisch, bei der Unterhaltung laut zu sprechen. Das gilt als besonders unhöflich./Das gilt nicht als besonders höflich. 6. Es gilt als völlig unangebracht, den Gastgeber nach seinem Einkommen zu fragen. 7. In Deutschland gilt es nicht als Brauch, mit den Fingern Spaghetti zu essen. 8. In manchen Haushalten wird es als besonders höflich angesehen, wenn sich die Gäste bei Betreten des Hauses die Schuhe ausziehen. / In manchen Haushalten wird es als besonders unhöflich angesehen, wenn sich die Gäste bei Betreten des Hauses nicht die Schuhe ausziehen.

Wortschatz-Hitparade

15 Chancengleichheit, Einkommen, Erwartung, Gastgeber, Heimweh, Integrationspolitik, Landessprache, Zuwanderer, ablehnen, annehmen, auswandern, beantragen, sich entwickeln, vermissen, zurückschrecken

16 1. bereuen, 2. bezweifeln, 3. beantragen, 4. tolerant, 5. ablehnen, 6. relevant, 7. geborgen, 8. widersprechen, 9. kapitulieren, 10. vielsprachig

17 1. auf keinen Fall, 2. noch nie, 3. nirgendwo/nirgends, 4. alle/jeder, 5. überall, 6. schon immer/immer schon

Kapitel 2 Sprich mit mir!

1a

B	E	S	C	H	R	E	I	B	E	N	E	S	E	S
K	R	E	I	S	C	H	E	N			R	C	R	C
			S	T	A	M	M	E	L	N	K	H	Z	H
											L	I	Ä	R
		S	T	O	T	T	E	R	N		Ä	M	H	E
		E	R	L	Ä	U	T	E	R	N	R	P	L	I
		S	C	H	E	L	T	E	N		E	F	E	E
P	R	O	T	E	S	T	I	E	R	E	N	E	N	N
W	I	D	E	R	S	P	R	E	C	H	E	N		

1b 2. kreischen – schreien; 3. stammeln – stottern; 4. erläutern – erklären; 5. schelten – schimpfen; 6. protestieren – widersprechen

2 Gesprächstermin, Gesprächsthema, Gesprächsteilnehmer; Gesprächspartner, Gesprächsstoff, Dienstgespräch, Einstellungsgespräch, Informationsgespräch, Streitgespräch, Telefongespräch

3a ab, an, aus, be, ent, nach, ver, vor, weiter, wider

3b 2. a, 3. b, 4 . b, 5. a, 6. b

4a 1. Gesten, 2. Mimik, 3. Geruch, 4. Händedruck, 5. Blickkontakt, 6. Gesichtsausdruck

4b 2. runzeln, 3. blinzeln, 4. ausstrecken, 5. zeigen, 6. verschränken

5 1. Fremdsprachenerwerb, 2. sprachlos, 3. Fachsprache, 4. Aussprache

6a KONFLIKTE, KRITIK, RESPEKT, AGGRESSIV, KRITISIEREN, KONSTRUKTIV, SICH EINIGEN, ARGUMENTE, LÖSUNG, ZUHÖREN, STREITEN, STREITKULTUR, STANDPUNKT

6b 1. Streiten, 2. Konflikte, 3. konstruktiv, 4. Streitkultur, 5. Respekt, 6. aggressiv, 7. Standpunkt, 8. Argumente

6c 2. e, 3. g, 4. b, 5. c, 6. h, 7. f, 8. a

7a Argumente nennen: An erster Stelle steht für mich …, Meines Erachtens ist es so, dass …, Ich stehe auf dem Standpunkt …, Ich möchte ein Argument hervorheben …
Zustimmung äußern: Ja, das stimmt., Da haben Sie recht!, Der Meinung bin ich auch …, Das kann ich nur befürworten.
Gegenargumente nennen: Im Prinzip ist das richtig, trotzdem …, Viel wichtiger finde ich …, Das Gegenteil ist der Fall: …, Dagegen spricht, dass …, Nachteilig wirkt sich aus …
über eigene Erfahrungen sprechen: Aus eigener Erfahrung kann ich sagen …, Ich habe erlebt …, Bei uns war das so …

8 1. Es wundert mich …, 2. Es freut mich …, 3. Es ist schade …, 4. Es ärgert mich …, 5. Es ist toll/super/fantastisch …, 6. Es langweilt mich …, 7. Es gefällt mir, 8. Es ist mir egal/gleich …

9 2. c, 3. b, 4. b, 5. c, 6. b, 7. b; Reihenfolge: 2.5, 3.2, 4.4, 5.3, 6.7, 7.6

10 arm, groß, hoch, gern, nah, viel, schwach, jung, gut, dumm; 1. arm – ärmer – am ärmsten, 2. groß – größer – am größten, 3. hoch – höher – am höchsten, 4. gern – lieber – am liebsten, 5. nah – näher – am nächsten, 6. viel – mehr – am meisten, 7. schwach – schwächer – am schwächsten, 8. jung – jünger – am jüngsten, 9. gut – besser – am besten, 10. dumm – dümmer – am dümmsten

11a genauso wie; anders als

11b 2. als, 3. wie, 4. als, 5. als, 6. wie, 7. als, 8. wie

11c 1. nicht so wohl wie, 2. nicht so gut klar wie, 3. nicht so schnell wie, 4. früher müde als

12a 2. a, 3. g, 4. c, 5. d, 6. e, 7. f

12b 2. Je kräftiger man in Nordamerika mit der Faust auf den Tisch haut, desto/umso stärker will man einen Punkt in der Diskussion betonen. 3. Je heftiger man in vielen Kulturen den Kopf schüttelt, desto/umso stärker bringt man Verneinung zum Ausdruck. 4. Je tiefer man in Japan in der Hierarchie steht, desto/umso tiefer muss man sich verbeugen. 5. Je fester in Deutschland der Handschlag ist, desto/umso größere Selbstsicherheit zeigt man. 6. Je inniger man sich in Russland umarmt, desto/umso freundlicher ist die Begrüßung gemeint. 7. Je nördlicher man in Europa reist, desto/umso weniger ist Körperkontakt üblich.

13a es schneit, es nieselt, es gefällt mir, es macht Spaß, es war falsch, es ist verständlich, es ist verboten

13b Wetter/Klima: es hagelt, es nieselt, es gewittert
Zeit: es ist acht Uhr, es ist schon spät
Geräusche: es klopft, es klingelt, es läutet
sonstige Wahrnehmungen / Gefühle: es gefällt mir, es schmeckt mir, es tut mir weh
Thema: es geht um …, es hängt von … ab, es gibt, es handelt sich um …, es kommt darauf an

13c 2. Es regnet. 3. Es stürmt. 4. Es ist neblig. 5. Es gewittert. 6. Es hagelt.

14a 1. Es war neu für mich, hier in Bayern so viel Schnee zu sehen. / Es war neu für mich, dass ich hier in Bayerns so viel Schnee sah. 2. Deshalb ist es nicht verwunderlich, dass die Häuser so gut isoliert sind. 3. Letzten Winter war es so kalt, dass ich nicht wusste, was ich anziehen sollte.
4. Natürlich war es anfangs anstrengend, jeden Tag Schnee zu schaufeln. 5. Es ist nicht erstaunlich, dass es so hoch in den Bergen oft neblig ist.
6. Am Anfang hat es mich erschreckt, dass ich nichts sehen konnte. 7. Irgendwann hat es richtig Spaß gemacht, durch den Schnee zu stapfen.
8. Meine Familie findet es immer noch bewundernswert, dass ich mich hier so schnell einlebe.

14b 2. richtig, 3. falsch, 4. falsch, 5. falsch, 6. richtig, 7. falsch, 8. falsch

14c 1. Ich hoffe, dass es bald aufhört zu schneien.
3. Ich finde es deprimierend, dass es immer so dunkel ist. 4. Es wundert mich zu sehen, dass die Leute sonntags in die Kirche gehen. 5. Denn es ist nicht leicht, sich in diesem Schnee fortzubewegen. 7. Frank sagt, es ist wichtig, Kontakt zu den Dorfbewohnern zu haben. 8. Es fällt mir nicht mehr schwer, mit den Nachbarn zu plaudern.

14d 2. Dass ich als Großstädterin so gut auf dem Land klarkomme, wundert meine Nachbarinnen.
3. Mein eigenes Geld zu verdienen, (das) vermisse ich manchmal. 4. An Nachwuchs zu denken, (das) ist Frank und mir jetzt erstmal wichtig. 5. Bald Kinder zu haben würde uns total freuen. 6. Dass ich schon schwanger bin, ist noch ein Geheimnis.

Wortschatz-Hitparade

15 2. Körperkontakt; 3. Gesten; 4. Händedruck, Selbstsicherheit; 5. Gesichtsausdruck, Einheimischen; 6. Gegenüber, Gleichgültigkeit; 7. Streitkultur

16 2. kreischen, keifen, brüllen; 3. schelten, schimpfen, rügen, kritisieren; 4. stapfen, schlendern, schreiten, 5. klingeln, läuten, erklingen, schallen; 6. plaudern, sprechen, reden, erzählen, schwatzen; 7. ärgerlich, wütend, unzufrieden; 8. heftig, kräftig, hart; 9. erstaunt, konsterniert

Kapitel 3 Arbeit ist das halbe Leben?

1a 1. Forstwirtin, 2. Stuntmen, 3. Landwirtin, 4. Parfümeurin, 5. Pianist, 6. Klavierbauer, 7. Floristin, 8. Schneiderin, 9. Buchbinder, 10. Bloggerin, 11. Pilot, 12. Tierpflegerin, 13. Maskenbilder, 14. Internist, Senkrecht: Innenarchitekt; der glücklichste Beurf: Florist/in

1b 1. Sie organisieren Veranstaltungen (Events) und Präsentationen, z.B. Tagungen, Kongresse, Ausstellungen. Konzerte usw. 2. Sie arbeiten für Versicherungsgesellschaften und sie beraten Kunden, machen Versicherungsverträge und prüfen Schadensfälle. 3. Sie erzeugen pflanzliche und/oder tierische Produkte und verkaufen sie. Dabei halten sie sich an die Richtlinien der biologischen Produktion.

2 2. die Arbeitssuche, 3. das Unternehmen, 4. der Arbeitsvertrag, 5. die Arbeitszeit, 6. die Karriere

3a 1. c, 2. e, 3. b, 4. d, 5. f, 6. a

3b Leistungsdruck, 2. Unternehmen, 3. Vorgesetzter, 4. Aufstiegschancen, 5. Feierabend, 6. Überstunden, 7. Entspannung, 8. Teilzeitarbeit

4a 1. austeilen, 2. warten, 3. erledigen, 4. für sich behalten, 5. entstehen, 6. investieren

5 1. Event, 2. professionellen, 3. Unternehmen, 4. Auftraggeber, 5. Veranstaltungen, 6. Rahmenprogramm, 7. Teams 8. qualifizierte, 9. Ausbildung, 10. Hinsicht, 11. entwickeln, 12. verwalten, 13. Marketingaktionen, 14. kontrollieren, 15. persönlich, 16. Fähigkeiten, 17. streben, 18. Sprachkenntnisse

6 1. Einen Beruf zu haben hat für mich immer schon eine große Rolle gespielt. 2. Denn das würde mir helfen, mein Leben selbst in der Hand zu haben. 3. Leider haben sich meine Erwartungen hier in Deutschland nicht erfüllt. 4. Stattdessen stelle ich nun fest, dass Frank sich im Job aufreibt. 5. Aber ich finde, ein Beruf, ein Job oder eine Aufgabe sollte auf keinen Fall nur eine reine Last sein.

7 1. c vorstellen, 2. a Punkt, 3. b festgestellt, 4. a Entscheidend, 5. b Erfahrung, 6. c verspreche, 7. c Eventuell/Wahrscheinlich, 8. a wichtig

8 2. a, 3. g, 4. e, 5. i, 6. b, 7. d, 8. f, 9. h

9a 1. zwar – aber, 2. sowohl – als auch, 3. je – desto, 4. entweder – oder, 5. nicht nur – sondern auch, 6. weder – noch

9b 2. Je ... desto: Musikerin, 3. sowohl ... als auch/ nicht nur ... sondern auch: Architektin, 4. Entweder ... oder: Arzt, 5. Einerseits ... andererseits: Reiseleiterin, 6. nicht nur ... sondern auch/ sowohl ... als auch: Handwerker, 7. zwar ... aber: Schneider

10a 1. Zwar habe ich schöne Aufgaben, aber die Arbeitszeiten sind ungünstig. 2. Einerseits verdiene ich eigenes Geld, andererseits habe ich wenig Zeit für mich. / Ich verdiene zwar eigenes Geld, aber ich habe wenig Zeit für mich.
3. Einerseits habe ich viel Kontakt zu Deutschen, andererseits ist der Weg zur Arbeit ziemlich lang. / Ich habe zwar viel Kontakt zu Deutschen, aber der Weg zur Arbeit ist ziemlich lang.
4. Einerseits habe ich eine nette Chefin, andererseits ist das Gehalt nicht sehr hoch. / Ich habe zwar eine nette Chefin, aber das Gehalt ist nicht sehr hoch.

10b 1. a Frank hat sowohl eine Ausbildung zum Versicherungskaufmann gemacht als auch Landwirtschaft studiert. b Er hat den Bauernhof seiner Eltern nicht nur auf ökologische Landwirtschaft umgestellt, sondern auch die Produktpalette ausgebaut. / Er hat den Bauernhof seiner Eltern sowohl auf ökologische Landwirtschaft umgestellt als auch die Produktpalette erweitert. c Nicht nur seine Eltern helfen mit, sondern auch seine Brüder packen mit an. / Sowohl seine Eltern helfen mit als auch seine Brüder packen mit an.
2. a Wenn Macarena nicht will, muss sie weder arbeiten gehen noch auf dem Hof helfen. b Die Arbeit auf dem Bauernhof ist weder leicht noch gefällt sie ihr besonders. c Sie arbeitet nicht nur als Floristin, sondern sie schreibt auch einen Blog. d Sie hat weder genug Zeit für die Familie noch (genug Zeit) für das Schreiben. e Entweder sie gibt ihren Blog auf oder (sie) kündigt ihre Stelle.

11a 1. b (nicht) sondern, anstatt dass, stattdessen; 2. c weil, damit; 3. a ohne dass, (zwar) aber, trotzdem

11b 1. ohne, 2. anstatt, 3. um, 4. anstatt, 5. ohne, 6. anstatt, 7. ohne, 8. um, 9. anstatt, 10. um
12a 1. damit, 2. ohne dass, 3. anstatt dass
12b 1. Meine Eltern sollen sich nicht mehr einmischen, damit Macarena sich frei entscheiden kann. 2. Man braucht Zeit, um sich in einem neuen Land einzuleben. 3. Ich bringe Macarena erst einmal Traktorfahren bei, damit sie ihren Führerschein machen kann. 4. Ich bringe Macarena oft lieber in die Stadt, anstatt dass sie mit dem Bus fährt. 5. Macarenas Blog ist übrigens sehr erfolgreich, ohne dass sie Erfahrung als Bloggerin hatte. 6. Macarena sollte vielleicht mehr schreiben, statt als Floristin zu arbeiten. 7. Außerdem könnte Macarena vielleicht Events auf dem Hof organisieren, um eigenes Geld zu verdienen. 8. Wir haben genug Platz, um große Events durchführen zu können. 9. Wir könnten auch Catering anbieten, ohne dass dazu ein großer Aufwand nötig wäre.
13 2. Man kann auch überzeugend sein, ohne dass man seitenlange Bewerbungsanschreiben verschickt. / Man kann zwar seitenlange Bewerbungsanschreiben schicken, aber man ist so nicht überzeugender. 3. Sie dürfen das Bewerbungsfoto im Lebenslauf nicht vergessen, damit Sie einen besseren Eindruck machen. 4. Legen Sie das Foto nicht zu dem Bewerbungsanschreiben, sondern fügen Sie es Ihrem Lebenslauf bei. 5. Machen Sie im Lebenslauf Ihre Qualifikationen deutlich, aber übertreiben Sie nicht. 6. Sie müssen die Bewerbung nicht per Post schicken, sondern Sie können auch eine E-Mail schreiben / stattdessen können Sie auch eine E-Mail schreiben. 7. Überprüfen Sie auf jeden Fall die Rechtschreibung, damit Sie formale Fehler vermeiden / weil sie dann formelle Fehler vermeiden. 8. Warten Sie nicht auf ein passendes Stellenangebot, sondern bewerben Sie sich aktiv / bewerben Sie sich stattdessen aktiv. 9. Sie können sich im Internet informieren, weil Sie dann mehr über die Firma erfahren / damit Sie mehr über die Firma erfahren.10. Man sollte sich gut auf das Bewerbungsgespräch vorbereiten, damit man nicht nervös wird.

Wortschatz-Hitparade

14 Beruf: Abschluss, Buchbinder, Dachdecker, Florist, Forstwirt, Landwirt, Tierpfleger, Versicherungskaufmann; Arbeit: Auftraggeber, Beförderung, Bewerbungsanschreiben, Leistungsdruck, Überstunde, Vollzeitstelle
15 1. verwalten, 2. streben, 3. für sich behalten, 4. durchdenken, 5. erledigen, 6. anpacken, 7. beibringen, 8. einmischen, 9. aneignen
16 1. engagiert – engagieren – das Engagement, 2. erfolgreich – der Erfolg, 3. qualifiziert – qualifizieren – die Qualifikation, 4. fachlich – das Fach, 5. überlastet – überlasten – die Überlastung, 6. Zuständig – zustehen – die Zuständigkeit

Kapitel 4 Zusammen leben

1a 1. Gesellschaft, 2. Schichten, 3. Armut, 4. Arbeitslose, 5. Bildungsstand, 6. Migranten, 7. sozial, 8. Bürger, 9. Initiativen, 10. vereinen, 11. Pflegeheimen, 12. Umweltschutz
1b der Frieden, die Gesellschaft, der/die Kanzler/in, die Medien, der/die Minister/in, der/die Präsident/in, die Regierung, die Wahl
2a 1. z. B. Arbeits- und Ausbildungsplätze, Beziehungen, die Karriere, den Frieden,. 2. z. B. politische und wirtschaftliche Entwicklungen, die Karriere, Trends, 3. z. B. Familien, Initiativen, Menschen, Vereine, 4. ein Land, einen Staat
2b 1. der Reichtum, 2. die Demokratie, 3. die Gleichberechtigung, 4. der Altruismus, 5. die Toleranz, 6. die Gesundheit, 7. der Frieden, 8. das Vertrauen, 9. die Gerechtigkeit, 10. der Umweltschutz
3 1. erwischen, 2. verbauen, 3. übernehmen, 4. bewältigen
4a 1. Wohlstand, 2. Sorgen, 3. Mangel, 4. Eigentum, 5. Überfluss, 6. Ersparnisse, 7. Elend
4b bettelarm / bedürftig / einkommensschwach / finanzkräftig / mittellos / steinreich / vermögend / wohlhabend
1. bettelarm, bedürftig, einkommensschwach, mittellos; 2. finanzkräftig, steinreich, vermögend, wohlhabend
4c 2. A schnallen, 3. R haben, 4. A stehen, 5. R bringen, 6. A leben
5 2. M, 3. F, 4. F, 5. F, 6. M, 7. F, 8. M, 9. M, 10. F
6a 1. ablehnen / –, 2. zustimmen / +, 3. zweifeln / ?
6c 1. a Lust, 2. b Meckern, 3. a wenigstens, 4. b Vorwürfe, 5. b aufgefallen, 6. a Ständig
7a **siehe Tabelle auf Seite 89 oben**
7b 1. die, 2. die, 3. dem, 4. dem, 5. die, 6. deren, 7. Wer, 8. denen, 9. deren 10. denen, 11. denen, 12. die
8a 1. a, 2. a, 3. b, 4 Demonstrativpronomen
8b 2. Wer das Problem nicht erkennt, (der) hat irgendwann ein noch größeres Problem. 3. Wer einmal Opfer gewesen ist, (der) wird später oft

7a

der	die	dessen	**dem**	deren	**wer**	den	**das**	**denen**
das	den	deren	**der**	dessen	denen	dem	**die**	**wer**
dem	**wer**	**denen**	das	die	den	**deren**	**dem**	dessen
dessen	**das**	**den**	denen	dem	die	**der**	wer	deren
denen	**dem**	wer	deren	den	**der**	die	dessen	das
die	**deren**	**der**	**dessen**	wer	**das**	**denen**	dem	den
wer	dessen	dem	die	**denen**	deren	das	den	der
den	**denen**	das	**wer**	der	**dem**	dessen	deren	die
deren	der	die	den	**das**	**dessen**	wer	denen	**dem**

zum Täter. 4. Wer nie über Gefühle spricht, (der) lernt nicht, mit ihnen umzugehen. 5. Wer keinen Zugang zu Bildungsmöglichkeiten hat, (der) rutscht leichter in die Gewalt ab. 6. Wer einmal in die Gewaltspirale hineinrutscht, (der) landet schnell in der Kriminalität.

8c 2. Wen …, dem …; 3. Wen …, der …; 4. Wem …, dem …; 5. Wer …, der …

9a bringen: zum Ausdruck, zu Ende, zur Sprache
kommen: zur Anwendung, in Betracht, zu dem Entschluss, in Frage, zur Sprache
machen: Eindruck, sich Gedanken, Schluss, sich Sorgen
nehmen: Anteil, in Anspruch, Bezug, in Kauf, zur Kenntnis, Rücksicht, in Schutz
stellen: einen Antrag, unter Beweis, in Frage

9b 1. Abschied nehmen von, 2. Anteil nehmen an, 3. einen Antrag stellen auf, 4. Bezug nehmen auf, 5. Eindruck machen auf, 6. sich Gedanken machen über, 7. Rücksicht nehmen auf, 8. Schluss machen mit, 9. sich Sorgen machen um

9c 1. zur Sprache kommen, 2. zum Ausdruck bringen, 3. einen Antrag stellen, 4. Eindruck machen, 5. Schluss machen, 6. zu dem Entschluss kommen, 7. in Schutz nehmen, 8. unter Beweis stellen

9d 2. a, 3. f, 4. b, 5. i, 6. g, 7. e, 8. c, 9. h

10a 1. machen, 2. nehmen, 3. bringen, 4. bringen, 5. stellen, 6. nehmen, 7. bringen, 8. stellt, 9. bringen

10b 1. c, 2. c, 3. b, 4. c, 5. a, 6. c, 7. a, 8. b, 9. b

11 2. von meiner Heimat Abschied zu nehmen, 3. bei meiner neuen Familie keine Beachtung fand, 4. den Entschluss gefasst, 5. mir selbst über meine Zukunft Gedanken zu machen, 6. die Entscheidung getroffen, 7. in der Lage war/bin, 8. Natürlich habe ich mir über ein konkretes Thema Gedanken gemacht, 9. in Erwägung gezogen, 10. hatte ich Zweifel, 11. hat niemand diesen Blog bei mir in Auftrag gegeben, 12. zeigen viele Menschen Interesse an dem Blog, 13. was wirklich tiefen Eindruck auf mich macht, 14. in Kauf nehmen, 15. bewahre ich die Ruhe

Wortschatz-Hitparade

12 Gewalt: Ausgrenzung, Diskriminierung, Gefahr, Gewaltbereitschaft, Gewaltspirale, Opfer, Täter, abrutschen, auffällig
Armut/Reichtum: Armut, Ausgrenzung, Notlage, Überfluss, Wohlstandsgesellschaft, einkommensschwach, finanzkräftig, wohlhabend

13 1. der Beschützer, 2. vertreiben, 3. sozial, 4. bedürftig, 5. die Einwilligung, 6. fraglich

Kapitel 5 Wer Wissen schafft, macht Wissenschaft

1a c Frontal-, g Roll-, i Schiffs-, k Wahl-

1b 2. f, 3. e, 4. a, 5. d, 6. e, 7. f, 8. a, 9. j, 10. f, 11. d, 12. l (Je nach Blickwinkel sind auch andere Zuordnungen möglich.)

1c 1: 10, 2: 10, 3: 7, 4: 10, 5: 2, 6: 7, 7: 10, 8: 2

2 2. erkennen, 3. machen, 4. berechnen 5. erscheinen, 6. annehmen, 7. erkennen, 8. vornehmen

3 1. Umfrage, 2. Beobachtung, 3. Mikroskop, 4. Atome, 5. Pipette, 6. Biologie, Senkrecht: Formel

4 2. Scheu, 3. Labor, 4. Experimente/Versuche, 5.Laborkittel, 6. Anleitung, 7. Versuche/ Experimente, 8. Vorlesungen, 9. Fähigkeiten, 10. Forschungseinrichtungen, 11. Nachwuchs, 12. Interesse

5 1. b, 2. a, 3. b, 4. a, 5. b, 6. a, 7. a, 8. b, 9. b, 10. b, 11. b, 12. b

6 2. a, 3. c, 4. b

7 1. Leistungsfähigkeit, 2. Mittagsschlaf, 3. Nickerchen, 4. Schlafmangel, 5. Ruhezeit, 6. Schlafforscher

8 2. a, 3. b, 4. b, 5. a, 6. a, 7. b, 8. b, 9. b, 10. a, 11. a, 12. a

9a 1. d, 2. b, 3. c, 4. d, 5. a, 6. a, 7. b, 8. c

9b 1. a, 2. b, 3. b, 4. a, 5. b

10a 2. Forschernachwuchs wird dringend gesucht. 3. Nachwuchsförderung wird als überlebenswichtig betrachtet. 4. Analytische Fähigkeiten werden schon im Kindesalter ausgebildet. 5. In den Labors werden die Versuche von Mitarbeitern angeleitet. 6. Das Angebot wird von den Schulen sehr gut angenommen.

10b 2. Ihr Vortrag wurde auf der Homepage des Instituts angekündigt. 3. Die Thesen der Referentin wurden intensiv diskutiert. 4. Die Referentin wurde anschließend den Kollegen vorgestellt. 5. Ihr Vortrag wurde in einer Fachzeitschrift publiziert.

11a 2. Der Wettbewerb wird sowohl auf regionaler als auch auf Bundesebene veranstaltet. 3. 2012 wurde Laura Mähler von „Jugend forscht" der erste Preis für Mathematik/Informatik verliehen. 4. Sie wurde für ihr Projekt „Die Mathematik der Spidercam" ausgezeichnet. 5. Lauras Interesse an Mathematik ist immer von ihrem Mathematiklehrer unterstützt worden. 6. Durch „Jugend forscht" können Jugendliche schon früh mit den Methoden wissenschaftlichen Arbeitens vertraut gemacht werden.

11b Präsens: wird veranstaltet; Präteritum: wurde ins Leben gerufen, wurde verliehen, wurde ausgezeichnet; Perfekt: ist unterstützt worden; Mit Modalverb: können vertraut gemacht werden

12a 1. *sein* + *zu* + Infinitiv, 2. *sich lassen* + Infinitiv, 3. Adjektiv mit Endung *-bar*, 4. Adjektiv mit Endung *–lich*, 5. *sein* + *zu* + Infinitiv

12b 1. Speziell bei Mädchen ist das Interesse an Naturwissenschaften zu wecken. 2. Denn Naturwissenschaften und Technik ist nicht nur den Jungen zu überlassen. 3. Durch das Hamburger Projekt „Mint:Pink" ist die stärkere Förderung der Mädchen in Naturwissenschaft und Technik umsetzbar. 4. Mit dem Wort MINT sind die Berufe im Bereich von Mathematik, Informatik, Natur- und Ingenieurwissenschaft und Technik abkürzbar. 5. Der Frauenanteil in MINT-Berufen ist unbedingt zu fördern, sagen die Leiter des Projekts. 6. Denn auf Frauen in MINT-Berufen ist in der Zukunft nicht zu verzichten. / Denn Frauen in MINT-Berufen sind in der Zukunft unverzichtbar, sagen sie.

13a Person: (+) alle, einer, irgendwer, jemand, man, (–) keiner, niemand
Ort: (+) irgendwoher, irgendwohin, (–) nirgends, nirgendwoher, nirgendwohin
Zeit: (+) irgendwann, (–) nie, niemals
Dinge: (+) eins, etwas, irgendwas, (–) keins, nichts

13b 2. Sie will sich am Samstag irgendwo treffen. 3. Die Aktion muss irgendwann geplant werden. 4. Es gibt immer einen/irgendjemanden/jemanden, der sich engagieren will. 5. Sie möchten bald irgendwas/etwas organisieren. 6. Sonst ändern sich die unfairen Bedingungen für Biolandwirte nie/niemals.

13c 1. a, 2. c, 3. b, 4. c, 5. a, 6. a, 7. a, 8. b, 9. c, 10. b, 11. a, 12. b, 13. c, 14. b, 15. c, 16. c, 17. b, 18. b

14 1. nie/niemals, 2. irgendwann, 3. Alle, 4. irgendwoher, 5. jeden, 6. irgendwann, 7. keiner/niemand, 8. irgendwo, 9. nie/niemals, 10. irgendwer/irgendjemand, 11. irgendwann, 12. irgendwann, 13. Irgendwoher, 14. irgendwo, 15. irgendwer/irgendjemand

Wortschatz-Hitparade

15 1. analytisch, 2. belasten, 3. beruhigend, 4. das Experiment, 5. die Förderung, 6. tröstlich

16 1. die Hinterlassenschaft, 2. die Wahrheit, 3. die Formel, 4. verstecken, 5. durchführen, 6. zielgerichtet, 7. die Scheu

Kapitel 6 Fit für …

1 Gehirn: Gehirnjogging, interessiert sein, etwas testen, lernen, sich etwas einprägen, sich etwas aneignen
Körper: Ausdauertraining, Bewegung, Erholung, Fitness, in Form bleiben, Sport
beides: gesunde Ernährung, unternehmungslustig sein, sich anstrengen, trainieren

2a 1. Ernährung, 2. Wellness, 3. Neugierde, 4. Erholung, 5. Sport, 6. Gedächtnis, 7. Ausdauer

2b 2. a, 3. d, 4. c, 5. f, 6. b

2c 2. Sei … träge, 3. sind … aktiv, 4. einzurosten, 5. keine Experimente machen, 6. probiere … aus, 7. ist … hilfsbereit, 8. einprägen

3a 1. b, 2. b, 3. a, 4. a, 5. a, 6. b, 7. a, 8. b, 9. a, 10. b, 11. a, 12. b, 13. b, 14. b, 15. b

3b 1. beantragen, 2. abheben, 3. überweisen, 4. unterbrechen, 5. kopieren, 6. installieren, 7. belegen, 8. aufheben

4 1. erwarten, 2. abhören, 3. durchstellen, 4. hinterlassen, 5. wählen, 6. auflegen

5 1. Umgangston, 2. Höflichkeit, 3. Teamfähigkeit, 4. Hilfsbereitschaft, 5. Kritikfähigkeit, 6. Zusammenarbeit

6 2. d, 3. a, 4. h, 5. e, 6. g, 7. c, 8. b

7a 1. e, 2. b, 3. c, 4. a, 5. d

7b 2. b, 3. d, 4. c, 5. c, 6. a, 7. d, 8. c, 9. d, 10. c, 11. a/c, 12. b/e

8a 1. b finde, 2. a vorschlagen, 3. c machen, 4. b besser, 5. c klingt, 6. a vorstellen, 7. b anderen, 8. c einigen, 9. a Grund, 10. a Wie

9a 2, 5, 6, 9, 11

9b 1. der Vorgang, 2. der Zustand; 1. Das Getreide wurde gemäht. 2. Das Abendessen war gemacht.

9c 2. Die Ware wird/ist zusammengestellt. 3. Die Bio-Äpfel für die Bestellung werden/sind gepflückt. 4. Die Ware wird/ist verpackt. 5. Der Paketservice wird/ist angerufen. 6. Der Salat für das Abendessen wird/ist geerntet. 7. Die Tiere werden/sind gefüttert.

10a 1. ist, 2. wird, 3. wird, 4. wird, 5. ist, 6. Ist, 7. Sind, 8. ist, 9. wird, 10. wird

10b 1. c, 2. a, 3. c, 4. a, 5. c, 6. c, 7. a, 8. b, 9. c, 10. c, 11. c, 12. b, 13. c, 14. c, 15. c, 16. a, 17. b, 18. b

11a 2. hätten sie mehr Freizeit. 3. wären sie mehr zusammen. 4. hätten sie viele Kinder. 5. würden sie Gästezimmer auf dem Hof einrichten. 6. dürften Franks Eltern nicht mehr so viel arbeiten.

11b 2. wäre ich nicht immer vor Tagesanbruch aufgestanden. 3. wäre ich im Winter nicht so viel draußen. 4. hätte ich Urlaub genommen. 5. wäre ich zum Arzt gegangen. 6. würde ich heute keine harte körperliche Arbeit mehr leisten.

12a 1. a. als, b. als ob, c. als wenn; 2. Verben des Fühlens, Wahrnehmens und Verhaltens; 3. Konjunktiv II

12b 1. c, 2. c, 3. a, 4. c, 5. c

13 2. Sie benimmt sich so, als wäre er nur für sie da. 3. Sie tut oft so, als ob er keine Fehler machen würde. 4. Sie verhält sich so, als wenn sie schon lange mit ihm verheiratet wäre. 5. Sie sieht ihn an, als ob er der schönste Mann auf der Welt wäre.

Wortschatz-Hitparade

15 LIEFERZEIT / BESTELLUNG / VERPACKEN / BESTÄTIGEN / ~~SCHEUNE~~ / VERSAND / KUNDENKONTO / ÜBERWEISUNG / WARE / ~~PRÜFUNG~~ / ANBIETEN / ~~HILFSBEREIT~~

16 1. entgegennehmen, 2. abwickeln, aufgeben, bestätigen, entgegennehmen, 3. auflegen, 4. durchfallen, 5. eingeben, 6. hochladen, 7. ausprobieren, 8. beschädigen, entgegennehmen, verpacken

Kapitel 7 Kulturwelten

1 1. Bildhauerin, Grafiker, Zeichnerin; 2. Bleistift, Kohle, Leinwand, Pinsel; 3. Farben mischen, malen, Motive auswählen, Skizzen anfertigen, zeichnen; 4. Aquarell, Bild, Gemälde, Holzdruck, Kunstwerk, Relief, Skulptur, Zeichnung; 5. Ausstellung, Galerie, Museum, Vernissage

3 1. f, 2. b, 3. i, 4. j, 5. e, 6. g, 7. c, 8. h, 9. a, 10. d

4 1. Dom, 2. Festung, 3. Palmenhaus, 4. Inkastadt, 5. Kunstmuseum, 6. Tiergarten, 7 Schloss; Senkrecht: Denkmal

5 1. b, 2. a, 3. a, 4. b, 5. a, 6. b, 7. a, 8. b

6 2. e D, 3. a C, 4. b E, 5. d A

7a 1. b, 2. j, 3. f/g, 4. g/b, 5. h, 6. e, 7. a, 8. c, 9. d, 10. g, 11. i, 12. k

7b b 9., c 8., d 2., e 3., f 6.

8 1. heiterem, 2. Himmel, 3. Vorwarnung, 4. Nichts, 5. plötzlich, 6. Schreck, 7. Atem, 8. Traum, 9. Gänsehaut, 10. Schlagartig

9a 1. d, 2. a, 3. c, 4. b, 5. b, 6. d, 7. c, 8. a, 9. b, 10. d

10 1. +, 2. –, 3. +, 4. –, 5. –, 6. ø, 7. +, 8. ø, 9. ø, 10. +

11a Artikelwörter: das, dieser, jene, solche, welche
Pronomen: euer, es, sein, ihnen, welche, solche, jene
Orts- und Zeitangaben: damals, dorthin, hier, wo
Konnektoren: als, aber, denn, deshalb, wenn
Präpositionaladverbien: dadurch, darauf, dazu

11b 1. a, 2. b, 3. a, 4. c, 5. a, 6. a, 7. b, 8. a, 9. a, 10. b, 11. b, 12. c

12a 2. ihrem, 3. sie, 4. ihr, 5. sich, 6. ihrer, 7. Diese, 8. Das, 9. ihr, 10. sie, 11. ihres

12b 2. 1996 wurde das Schloss in die Liste des Weltkulturerbes der UNESCO aufgenommen. Ein wichtiger Grund dafür war, dass Architektur und Natur einen einzigartige Einheit bilden. 3. Das Schloss und seine großflächigen Gartenanlage locken jedes Jahr viele Millionen Besucher an, die sich dort in eine andere Zeit versetzen lassen und erholen können. 4. Schon im 18. Jahrhundert wurde der Tiergarten errichtet. Der Besuch im ältesten Zoo der Welt war damals kostenlos. 5. Schloss Schönbrunn verdankt seine touristische Attraktivität nicht nur seiner Architektur. Viele Touristen kommen auf den Spuren der weltberühmten Kaiserin Sissi dorthin. 6. Sissis Leben war für die damalige Zeit ungewöhnlich, deshalb ist es oft verfilmt worden.

13a weil, da

13b 1. … dadurch, dass alle Sprecher auf einmal sterben. 2. … dadurch, dass Nationalstaaten gebildet werden, in denen eine einheitliche

Sprache gesprochen wird. 3. … dadurch, dass nur noch die Älteren einer Volksgruppe ihre Sprache sprechen. 4. … dadurch, dass Kinder in der Schule nicht mehr ihre Muttersprache lernen.

13c 1. Dadurch, dass indigene Völker in Südamerika unter unterschiedlichen Bedingungen leben, haben sich verschiedene Gesellschaften herausgebildet. 2. Dadurch, dass sie ihre eigene Kultur und Sprache bewahren, unterscheiden sie sich deutlich von der herrschenden Gesellschaft. 3. Dadurch, dass dem Mapuche-Volk in Chile das Land weggenommen wurde, sind viele in die Hauptstadt Santiago abgewandert. 4. Dadurch, dass der Umgang des chilenischen Staates mit den indigenen Völkern sehr repressiv war, war Chile eins der letzten Länder Südamerikas, in dem die interkulturelle zweisprachige Erziehung eingeführt wurde.

14a 1. indem; 2. das Instrument oder Mittel

15 1. a, 2. b, 3. b, 4. c, 5. b, 6. c

Wortschatz-Hitparade

16 Architektur: das Denkmal, das Gebäude, das Meisterwerk, das Schloss, das Spiegelkabinett
Kunst: der Bildhauer, das Denkmal, das Gemälde, der Holzdruck, die Leinwand, das Meisterwerk, die Skulptur
Kriminalroman: die Beute, der Dieb, der Ermittler, der Hinweis, der Roman, die Spannung, die Spur, der Täter

17 1. Bauwerk, 2. zahlreiche, 3. anlockt, 4. Spuren, 5. besichtigen, 6. Skulptur, 7. errichten, 8. Erhalt, 9. Meisterwerks

Kapitel 8 Das macht(e) Geschichte

1 1. Veränderungen, 2. Gesellschaft, 3. Denken, 4. Vergangenheit, 5. Zukunft

2a 1. Politik: ~~der Artenschutz~~, ~~die Verkaufszahlen~~, ergänzt: der Staatschef, das Parlament, die Wahlen, die Opposition, der/die Abgeordnete;
2. Gesellschaft: ~~die Dürre~~, ~~der Staatschef~~, ~~der Wissenschaftler~~, ergänzt: der Verein;
3. Wirtschaft: ~~das Parlament~~, ~~die Wahlen~~, ergänzt: die Verkaufszahlen, die Aktie;
4. Forschung: ~~die Aktie~~, ~~die Opposition~~, ~~das Polareis~~; der/die Wissenschaftler/in; 5. Natur und Umwelt: ~~der/die Abgeordnete~~, ~~der Verein~~, ergänzt: der Artenschutz, die Dürre, das Polareis

2b 2. debattieren, 3. wählen, 4. zerstören, 5. unterzeichnen, 6. streiken

3 die Gegenwart, die Geschichte, die Epoche, das Jahr, die Minute, der Monat, die Sekunde, die Stunde, die Arbeitszeit, die Freizeit, die Probezeit, die Schulzeit, die Teilzeit, die Urlaubszeit, die Vollzeit, die Zeitansage, der Zeitdruck, der Zeitgeist, der Zeitmangel, der Zeitpunkt

4 1. Bauer, 2. Knecht, 3. Ritter, 4. Musikant, 5. Handwerker, 6. Historiker; Senkrecht: Antike

5 1. a, b; 2. a, b, b; 3. a; 4. b; 5. a, a, b, b; 6. b, a, a

6 1. die Antwort, 2. die Äußerung, 3. die Behauptung, 4. der Bericht, 5. der Gedanke, 6. die Erklärung, 7. die Frage, 8. die Meinung; 6. a, 3. b, 8. c, 4. d, 1. e, 5. f, 2. g, 7. h

7a Grenze, Montagsdemonstrationen, Westen, Mauer, Teilung, DDR, Ostberlin, öffnen, Ausreise

8 1. c, 2. f, 3. a, 4. e, 5. d, 6. b

9 A 1. Damals war es so …, 2. Anders als heute war es damals …, 3. Wenn man früher …
B 2. Die Ereignisse führten dazu, dass …
3. Nachdem dies bekannt gegeben worden war … 4. Meines Erachtens war es besonders erstaunlich … 5. Ich denke, das ist auch für andere Länder interessant …

10a 1. abhängen, 2. sich ängstigen, 3. antworten, 4. (sich) begeistern, 5. bitten, 6. (sich) erinnern, 7. (sich) entscheiden, 8. sich freuen, 9. helfen, 10. sich interessieren, 11. sich sorgen, 12. suchen, 13. teilnehmen, 14. sich wundern

10b ängstlich, begeistert, entscheidend, erfreut, hilfsbereit, interessant, besorgt, verwunderlich/verwundert

11a

									B
	V	O	N			Z	U		E
									I
	F	Ü	R						
					U	M		Ü	
								B	
A		N	A	C	H			E	
U								R	
F									
			M	I	T			A	N

an, auf, bei, für, mit, nach, über, um, von, zu
1. von, 2. an, 3. über, 4. bei/über, 5. um, 6. zu, 7. nach, 8. für, 9. auf, 10. mit

11b 1. die Abhängigkeit von, 2. die Anpassung an, 3. der Ärger über, 4. die Beschwerde über/bei, 5. die Bitte um, 6. der Entschluss zu, 7. die Frage nach, 8. das Interesse für, 9. die Reaktion auf, 10. das Treffen mit

11c Für wen interessierst du dich?, Woran erinnerst du dich?

11d 1. für, 2. bei, 3. an, 4. nach, 5. nach, 6. von, 7. um, 8. nach

12 1. a, 2. c, 3. c, 4. c, 5. b, 6. b, 7. a, 8. a, 9. c, 10. a, 11. b, 12. b, 13. b, 14. b, 15. b

13a c, e, h, i

13b Konjunktiv I: fast immer in der geschriebenen Sprache
Konjunktiv II: wenn die Form des Konjunktiv I mit dem Indikativ identisch ist
würde + Infinitiv: oft in der gesprochenen Sprache und wenn die Form des Konjunktiv II mit dem Präteritum des Indikativs identisch ist

14a markiert werden: 1. stehe, sei, habe; 2. sei, stimme, sei, habe; 3. habe, habe; 4. seien, wisse, könne

14b antworten, äußern, behaupten, berichten, denken, entgegnen, erklären, erwidern, erzählen, feststellen, fragen, meinen, sagen

15 sein: sei, seien; haben: habe, haben → hätten; Modalverben: könne, können → könnten; andere Verben: stehe, stehen → würden stehen

16a 2. es gebe, 3. er wolle, 4. sie würden gehen / sie gingen, 5. sie reise, 6. sie müssten, 7. sie solle, 8. sie wüssten / sie würden wissen

16b 2. er sei gewesen, 3. es habe gegeben, 4. sie hätten gemacht, 5. sie seien erfunden worden

17 2. Christoph Kolumbus glaubte, er sei in Indien gelandet.
3. Eine Theorie sagt, es seien muslimische Seefahrer gewesen, die vor Kolumbus Amerika entdeckt hätten.
4. Andere Theorien sagen, Kolumbus sei der erste Europäer in Amerika gewesen.
5. Die Archäologen äußern die Meinung, schon ca. 500 Jahre vor Kolumbus hätten Wikinger amerikanischen Boden betreten.
6. Eine weitere Hypothese behauptet, dass die allerersten Menschen in Amerika Asiaten gewesen seien, die vor ungefähr 10000 Jahren zu Fuß die Beringstraße nach Alaska überquert hätten.
7. Thor Heyerdahl meint, seine Fahrt mit der Kon-Tiki beweise, dass es auf dem Seeweg Kontakte zwischen Polynesien und Südamerika gegeben habe.

Wortschatz Hitparade

18 2. das Ereignis, 3. die Opposition, 4. die Äußerung, 5. die Meldung, 6. die Genehmigung

19 2. die Äußerung, 3. die Entdeckung, 4. die Genehmigung, 5. die Meldung, 6. ernennen, 7. erwidern, 8. fortsetzen, 9. wiedergeben

Kapitel 9 Mit viel Gefühl …

2 2. erstaunt, verblüfft; 3. begeistert; 4. wutentbrannt, zornig; 5. betrübt, 6. behutsam; 7. schüchtern, zurückhaltend; 8. eingebildet

3a 1. die Bescheidenheit, 2. die Begeisterung, 3. die Enttäuschung, 4. die Schüchternheit, 5. die Verwunderung, 6. die Wut

3b 1. Begeisterung, 2. Wut, 3. Enttäuschung, 4. Verwunderung, 5. Schüchternheit, 6. Bescheidenheit

4 1. hilft, 2. erhöht/fördert/verbessert, 3. erhöht/gefördert/verbessert, 4. wirken, 5. beeinträchtigt, 6. erkannt, 7. verhindern, 8. nachgewiesen, 9. erhöht, 10. reagieren, 11. verringert, 12. bessert, 13. hören

5 1. grauenvoll, 2. ermüdend, 3. langweilig, 4. aggressiv

6 1. c, 2. d, 3. f, 4. b, 5. g, 6. e, 7. h, 8. a

7

		T				Z	W	E	I	F	E	L		W
		R												U
		A		W	A	H	R	H	E	I	T			T
F		U												
R		E		N			H	O	F	F	N	U	N	G
E		R		E										
U				I		M	I	T	G	E	F	Ü	H	L
D				D										
E														
K	R	A	N	K	H	E	I	T		A	N	G	S	T

1. Wut, 2. Trauer, 3. Zweifel, 4. Wahrheit, 5. Freude, 6. Neid, 7. Hoffnung, 8. Mitgefühl, 9. Krankheit, 10. Angst

8a 1. b anführen, 2. a Text, 3. a Hauptaussage, 4. b Beispiel, 5. a behauptet, 6. c Meinung, 7. c zustimmen, 8. c Meinung

8b 1. geht es um, 2. wird behauptet, 3. Hauptaussage, 4. Beispiel angeführt, 5. folgendes Beispiel, 6. halte, 7. Meiner Meinung nach

9 1. a, 2. b, 3. b, 4. b, 5. a, 6. b, 7. a, 8. b

10a 1. spielen, 2. musizieren, 3. bedeuten, 4. fahren, 5. lieben, 6. erlauben, 7. definieren, 8. schlafen

10b Verb ohne Endung: der Beweis, der Nachweis, der Reiz, der Tanz, die Wahl
das + Inf.: z. B. Empfinden, Erkennen, Hören, Lernen, Verwenden; vgl. Regel in 10c: Alle Verben können nach diesem Muster nominalisiert werden.
die + *ung*: Anpassung, Atmung, Empfindung, Leistung, Veränderung, Verwendung, Wahrnehmung, Wirkung

der + -er: Helfer, Hörer, Lerner, Tänzer, Wähler
die/der + -e: die Folge, der Glaube, die Hilfe
die/das + -(t)nis: die Erkenntnis
die + -(t)ion: Identifikation, Konzentration, Motivation, Reaktion

10c 1. Infinitive, 2. Änderung, 3. groß-, 4. Neutrum, 5. Singular, 6. Suffix, 7. Pluralformen, 8. Akkusativergänzung, 9. von

10d 1. b, 2. c, 3. b, 4. a, 5. b, 6. b, 7. a, 8. c, 9. b

11 2. Die starke Beeinflussung unserer Stimmung ..., 3. Die Auslösung von Erinnerungen ..., 4. Die bessere Verankerung von Bildern in unseren Köpfen durch Musik ..., 5. Die Assoziation von bestimmten Produkten mit einer ganz konkreten Musik ...

12 2. Die Beeinflussung unserer Emotionen durch Farben kann niemand abstreiten. 3. Der Ausdruck ihrer Individualität durch farbige Kleidung ist vielen Menschen wichtig. 4. Das Unterstreichen der eigenen Persönlichkeit durch bestimmte Farben kommt häufig vor. 5. Die Identifikation mit einer bestimmten gesellschaftlichen Gruppe kann man mit Farben zeigen. 6. Die Wahl der Farbe unserer Kleidung ist besonders in der Geschäftswelt wichtig.

13 1. Empörung, 2. Überraschung, 3. Freundlichkeit, 4. Aufforderung, 5. Interesse, 6. Ermutigung, 6. Befehl, 7. Ungläubigkeit

14 aber, mal, doch, ja, denn

15a 2. 2/3, 3. 7, 4. 2/5, 5. 6, 6. 5, 7. 1, 8. 2/8, 9. 4/6, 10. 2/8, 11. 3/5, 12. 1

15b 1. b, 2. a, 3. a, 4. b

15c 1. Wo habt ihr euch denn kennengelernt? 2. Weißt du das denn nicht? 3. Ich habe es dir doch erzählt! 4. Vielleicht hast du das ja vergessen? 5. Ich kann es dir aber noch einmal erzählen. 6. Wann hast du denn mal Zeit? 7. Das ist aber schade. 8. Das ist ja eine gute Idee. 9. Komm doch nächstes Wochenende zu mir.

15d a 5., 9., b 7., c 2., 3., d 8., e 1., 6., f 4.

16a 1. a/b, 2. a/b, 3. b, 4. b, 5. a, 6. c, 7. b, 8. c, 9. c, 10. a/b

16b 1. a, 2. a, 3. b, 4. b, 5. a, 6. a, 7. a, 8. b, 9. a, 10. a, 11. b, 12. b, 13. b, 14. b, 15. a, 16. b, 17. b, 18. b, 19. a, 20. b, 21. a, 22. a

Wortschatz-Hitparade

17 1. Ungewissheit, 2. Gefühl, 3. Stimmung, 4. Bedauern, 5. Bedenken, 6. Wirkung

18 1. der Ärger, (sich) ärgern; 2. das Bedauern, bedauern; 3. das Symbol, symbolisch; 4. der Geiz, geizig; 5. die Heiterkeit, erheitern; 6. überwindbar, überwinden; 7. der Reiz, reizen; 8. die Empörung, empört; 9. überrascht, überraschen; 10. der Neid, neidisch

Kapitel 10 Ein Blick in die Zukunft

1 1. Fortschritt, 2. Bequemlichkeit, 3. Hektik, 4. Stillstand, 5. Rückschritt, 6. Problemlösung, 7. zukunftsorientiert, 8. futuristisch, 9. aussichtslos, 10. Kontinuität

2a es passen nicht: in alter ..., in ständiger ..., in gleicher ...

2b 1. Zukunftsangst, 2. Zukunftspläne, 3. Zukunftsperspektive, 4. Zukunftsorientierung, 5. Zukunftsvision

3 steuern: eine Entwicklung, ein Fahrzeug, eine Maschine, einen Roboter
erledigen: einen Auftrag, eine Arbeit, einen Einkauf, eine Sache
ausführen: eine Arbeit, einen Auftrag, einen Befehl, eine Tat, eine Tätigkeit, eine Reparatur
auslösen: einen Alarm, eine Debatte, eine Krankheit, einen Notruf, einen Protest, eine Reaktion

4 1. a, 2. a, 3. b, 4. a, 5. a, 6. b, 7. a, 8. b, 9. b, 10. b, 11. b, 12. b, 13. a, 14. a, 15. b

5 1. bündeln, 2. aufnehmen, 3. wiegen, 4. aufkommen, 5. benachrichtigen

6 1. Zukunft, 2. Arbeit, 3. Mitarbeiter, 4, Student, 5. Engagement, 6. Ausbildung, 7. flexibel, 8. Bereich, 9. Prüfung, 10.Firma, Senkrecht: Traumberuf

7a 1. f, 2. c, 3. e, 4. b, 5. a, 6. d

7b ARBEITSWELT / ALLTAG / GESCHÄFTE / LERNEN / VERKEHRSMITTEL / FREIZEIT / TECHNIK / PRODUKTE

8 1. zwar, 2. Aspekt, 3. Argument, 4. sinnvoll, 5. denken, 6. vergessen, 7. meinen – genau, 8. einleuchtend, 9. sagen, 10. zu

9 2. h, 3. f, 4. i, 5. e, 6. d, 7. a, 8. c, 9. g

10 2. b, 3. a, 4. b, 5. a

11a 1. Adjektive, 2. Informationen, 3. Nomen, 4. Relativsätze, 5. aktive, 6. gleichzeitig, 7. passive. 8. Vorgänge, 9. vor

11b 2. einschränkend – eingeschränkt, 3. ermüdend – ermüdet, 4. erledigend – erledigt, 5. kostend – gekostet, 6. lernend – gelernt, 7. sparend – gespart, 8. aufräumend – aufgeräumt

11c 1. arbeitenden, 2. eingeschränkte, 3. ermüdenden, 4. erledigten, 5. kostenden, 6. gelernten, 7. sparende, 8. aufgeräumte

12a 1. a, 2. b, 3. a, 4. a, 5. a, 6. a, 7. b, 8. a, 9. a, 10. b, 11. b, 12. b, 13. a

12c 1. Von vielen Höfen kennen wir bereits Kühe melkende oder Erdbeeren pflückende Roboter. 2. Aber auch für andere Robotersysteme gibt es eine ständig steigende Nachfrage. 3. Wenig bekannt ist bisher der vornehmlich auf dem Feld eingesetzte Agrarroboter „Prospero". 4. Schon 2011 setzten die Japaner unbemannte, Pestizide versprühnde Helikopter ein. Das sind besonders für den Einsatz an steilen Weinbergen geeignete Drohnen. 5. Die sich ständig weiterentwickelnde Automatisierung in der Landwirtschaft ist genauso fortgeschritten wie die von der Presse so stark beachtete Automatisierung in der Autoindustrie.

13a 1. c, 2. f, 3. d, 4. a, 5. b, 6. e

13b temporal: 2, 3, 5; adversativ: 1, 4, 6

14 angesichts / anlässlich / aufgrund / außerhalb / dank / innerhalb / infolge / trotz / wegen / während
temporal (Zeit): anlässlich, außerhalb, innerhalb, während
lokal (Ort): außerhalb, innerhalb
kausal (Grund/Folge): angesichts, anlässlich, aufgrund, dank, infolge, wegen
konzessiv (Gegengrund): trotz

15

Maskulin	Feminin	Neutrum	Plural
des	der	des	der
dieses	dieser	dieses	dieser
eines	einer	eines	–

16a Infolge, Wegen der; 2. Während die; 3. infolge, aufgrund der; 4. wegen der, 5. wegen der, 6. trotz der, 7. aufgrund der, infolge des, innerhalb – ; 8. Anlässlich des

16b 1. c, 2. a, 3. c, 4. c, 5. c, 6. b, 7. b, 8. b, 9. c, 10. a, 11. a, 12. c, 13. c, 14. b, 15. c

Wortschatz-Hitparade

17 die Automatisierung, der Fortschritt, die Kontinuität, die Perspektive, die Prognose, die Robotik, die Technologie, die Virtualisiserung, die Vision, der Wandel, absehbar, futuristisch, zukunftsweisend

18 1. die Bedrohung, 2. die Prognose, 3. erzielen, 4. das Pestizid, 5. die Kontinuität, 6. inspizieren, 7. der Wandel, 8. der Fortschritt, 9. ausstatten, 10. tatkräftig, 11. unermüdlich, 12. die Vision, 13. futuristisch, 14. wettbewerbsfähig

Bildnachweis

S. 4 nopporn – shutterstock.com
S. 5 charnsitr – shutterstock.com
S. 7 Zarya Maxim Alexandrovich – shutterstock.com
S. 9 Ollyy – shutterstock.com
S. 13 grmarc – shutterstock.com
S. 15 Sidarta – shutterstock.com
S. 23 Agnes Kantaruk – shutterstock.com
S. 24 Fotokostic – shutterstock.com
S. 28 antoshkaforever – shutterstock.com
S. 33 marcogarrincha – shutterstock.com
S. 36 Popperfoto-gettyimages
S. 37 CroMary – shutterstock.com
S. 39 Junge Wissenschaftlerin: Noam Armonn – shutterstock.com
S. 45 Digital Storm – shutterstock.com
S. 46 Gajus – shutterstock.com
S. 49 Francesco83 – shutterstock.com
S. 52 akg-images
S. 54 rangizzz – shutterstock.com
S. 54 www.netz-tipp.de
S. 56 Boris15 – shutterstock.com
S. 61 Ritter: andrewshka – shutterstock.com
S. 62 akg-images – picture-alliance
S. 68 fontStocker – shutterstock.com
S. 69 fontStocker – shutterstock.com
S. 76 Feng Yu – shutterstock.com
S. 78 Vadim Ponomarenko – shutterstock.com
S. 79 Kirill__M – shutterstock.com
S. 80 Angela Waye – shutterstock.com
S. 81 Lightspring – shutterstock.com
S. 83 mtkang – shutterstock.com

Wichtig für mich